대인관계의 심리학

인간관계는 어떻게 형성되는가

미쓰이 히로다카 지음
임 승 원 옮김

BLUE BACKS
韓國語版

對人關係の心理學

人間關係はどう形成されるか

B-979 © 三井宏隆

1993

日本國·講談社

이 한국어판은 일본국·주식회사 고단샤와 계약에 의해
전파과학사가 한국어판의 번역·출판권을 독점하고 있습니다.

【지은이 소개】

미쓰이 히로다카 (三井宏隆)

케이오의숙대학 문학부 조교수(인간과학 전공). 문학박사. 1946년
효고현 아마라키시에서 태어나다. 1968년 신슈대학 문리학부 인문
학과 졸업. 1970년 도쿄도립대학원 수료 후 도쿄도립대학 조수를 거
쳐 현직에 이름. 전공은 사회심리학 연구법, 대인행동학. 신문, 주간
잡지의 기사거리를 비롯한 인간관계에 관계되는 모든 것을 연구대
상으로 하고 있다. 저서로는『실험, 조사의 사고 방법』,『데이터를
잡는 방법, 정리하는 방법』외.

【옮긴이 소개】

임승원 (林承元)

1931년 경기 평택 출생.
경복고등학교 졸업, 서울대학교 공과대학 화학공학과 졸업.
(주)럭키 공장장, 럭키 엔지니어링(주) 이사 역임.
역서에『신기한 화학매직』,『수학·아직 이러한 것을 모른다』,『괴델
·불완전성 원리』,『생명과 장소』외 다수.

머리말

'개인과 사회의 대립', '인간관계의 굴레'라 하는 것은 어느 세상에도 으레 따르게 마련이다. 말하자면 인간사회의 행위일 것이지만 그것은 사람들이 다른 사람의 일, 주위 사람들의 언동이 마음에 걸리기 시작할 때 시작된다.

그때까지는 얼굴도 씻지 않고 복장에도 무관심했던 사내아이가 어느날 갑자기 거울을 보면서 머리의 모양을 다듬기 시작하거나 어머니가 구입해 온 인근 슈퍼마켓의 싸구려 상품으로는 만족하지 않게 되는 것은 놀이 친구가 그러한 것에 흥미나 관심을 갖기 시작하였기 때문이다.

좋은 것도 나쁜 것도 '다른 사람은 자기의 거울'이다. "사귀고 있는 친구를 보면 그 아이에 대한 것을 잘 알 수 있다."(끼리끼리 모인다)라고 일컬어지는 것도 이 때문이다.

견해에 따라서는 인간의 일생은 인간관계가 전부이다. 즐거운 일도 슬픈 일도 모든 일이 인간관계에 얽혀 있다. 때로는 죽은 다음에도 영향이 뒤따르는 일이 있다. 그것은 어린이든 어른이든 마찬가지다. 이러한 가운데서 어떻게 해서 인간관계의 폭을 넓히고 그것을 발전시켜 나갈 수 있는가, 인생에 있어서의 성공의 비결은 여기에 숨겨져 있는 것이다. 단순히 좋아하거나 싫어하는 것으로는 넘겨버릴 수 없는 어른의 지혜가 요구된다.

예컨대, 최근 '소셜 스킬'(social skill)이라는 말이 흔히 눈에 띄는데, 인간관계를 원활하게 진행시키기 위해서는 이러한 대인기능(對人技能)을 필요로 하게 된다. 그 기능이 상대방에게 부자연스러움을 느낄 수 없게 할 정도까지 세련되면 인생에 있어서의 성공은 틀림없다.

그러한 인간관계의 이모저모를 '실험사회심리학자'의 인간 관찰의 눈을 통해서 바라보려고 하는 것이 이 책의 목적이다.

누구나가 일가견을 갖고 간단하게 물러나는 일이 없는 테마라는 점에서 그것을 학문의 수준으로까지 끌어 올려 고찰하기 위해서는 그 나름의 방법론을 필요로 하게 된다. 최근에는 스포츠나 예능을 비롯해서 프로와 아마츄어의 경계선이 애매하게 되었다고 하는데, 학문의 세계에서는 양자를 가르는 것은 방법론의 유무(有無)이다. 여기서 채택한 '실험적 관찰'이라는 사고방법은 자연과학자의 전매특허로 간주되어 왔으나 심리학자도 또한 그 은혜를 입고 있다. 아무튼 '재미있고 우스광스럽게'라는 가미(加味)를 좋아하는 요즘이지만 그러한 사탕발림에 현혹되지 않고 진짜를 철두철미하게 추구하기 위해서는 거기에 이르기까지의 사전준비(절차)는 중요한 것이다.

그런데 이 책은 고단샤 과학도서 출판부의 후쿠시마 마이치 (福島眞一)씨의 열렬한 권유에 따라 완성된 것이다. 논문이나 교과서의 집필과는 달리 독자층을 한정시킬 수 없기 때문에 초점이 흐려진 경향도 있으나 이 책을 통해서 실험사회심리학에 대한 흥미와 관심을 불러 일으킬 수 있다면 다행이다.

1993년 7월

미쓰이 히로다카

차례

Ⅰ. 사회 속의 개인

1. 농담이 소문으로, 소문이 폭동으로

몇살이 되어도 인간관계는 고민의 씨앗이다. 어렸을 때에 골목대장에게 괴롭힘을 당했다든가 동료에게 따돌림을 받았다는 체험으로부터 시작하여 학교나 직장에서의 짖궂게 굶이나 성희롱(sexual harassment), 나아가서는 친척간의 싸움이나 반상회, 노인회에서의 말썽에 이르기까지 고민의 씨앗은 없어지는 일이 없다. 죽은 뒤에도 재산싸움이 있다고 하면 이것은 지옥이다.

가령 '남은 남, 자기는 자기'라고 단정해 보아도 내심으로는 다른 사람의 평가나 소문이야기가 마음에 걸린다.

칭찬을 받으면 나쁜 기분은 들지 않지만 비방을 받으면 불쾌하다. 때로는 겉치렛말이라는 것을 알면서도 그것을 듣고 싶어서 일부러 멀리까지 떠나는 일도 있다.

격언이나 속담, 사회적 상식이나 관례라고 불리는 것 속에는 그러한 인간관계와 관계되는 선인들의 지혜가 숨겨져 있고 일종의 처세훈(處世訓)으로 되어 왔다. "튀어나온 말뚝은 두들겨 맞는다", "서두르면 일을 그르친다"라는 것이 처세훈으로 될 수 있었던 것은 아무리 기를 써봤자 사회라는 굴레로부터 벗어날 수 없다는 현실이 있었기 때문이다. 그렇다면 "권세 있는 자에게는 거역하지 않고 순종하는 것이 득이다"식으로 상식이나 관례에 따라서 생활하고 있는 편이 마음 편하고 쓸데없는 오해를 받지 않아도 된다는 것이다.

예컨대, 본인의 입으로 말하지 않아도 이웃사람들이 "저 아이는 ○○씨댁의 둘째 딸로서 도쿄의 대학에 다니고 있다"라고 가르쳐 주는 경우 그 곳에서의 행동은 저절로 제약되어 버

린다. 때로는 "저 아이가 매니큐어를 발랐어"라고 말한 것까지
도 소문거리가 되어버린다. 그것이 또 과장되어 "저 꼴을 보면
정말 대학에 다니고 있는지 의심스럽다. 혹시나 ……"라고 하
는 당치도 않은 방향으로 이야기는 비약해 버린다. 모르고 있
는 것은 본인뿐이다.

　이렇게 하여 있는 것 없는 것이 덧붙여져서 이야기가 재미
있어지도록 스토리가 수정되고 거듭 부족한 점은 상상력으로
보충하는 등 소문이야기는 제멋대로 독보하기 시작한다. 당사
자로서는 "어지간히 해둬"라는 문구 한 마디라도 하고 싶어지
나 다른 사람의 소문이야기는 돈이 들지 않는 스트레스 해소
법이다.

　더구나 그것에 의해서 자기들의 삶의 방법이 잘못되지 않았
다는 증명이라도 된다면 1석 2조다.

　한편 유언(流言)이나 데마가 되다보면 웃어 넘겨버릴 수는
없다. 더 독성(毒性)이 강해지기 때문이다.

　유언은 소문이야기보다 공공성(公共性)이 강한 토픽(화제)
에 대해서 볼 수 있는 것이다. 미국의 심리학자 올포트와 포스
트만(Allport, G. W. & Postman, L., 1947)에 따르면 거기에는
다음과 같은 공식이 성립한다는 것이다.

　　　유언의 강도＝(사안의 중요성)×(그 애매성)

　가까운 것으로는 1973년 12월 14일 아이치(愛知)현 호우이
(寶飯)군 고사카이쵸(小坂井町)의 도요가와(豊川) 신용금고에
서 일어난 예금 인출소동이 유명하다. 신문은 그때의 상황을
다음과 같이 전하고 있다.

• 5000명, 데마에 놀아나다. 14억 엔 예금 인출소동

석유파동, 물자부족, 인플레 등 불안과 불신의 세태를 배경으로 14일 아이치현 호우이군 고사카이쵸에 있는 도요가와 신용금고(이사장 마쓰이 분이치씨, 본점 : 같은 현 도요가와시 도요가와쵸) 고사카이지점에서 '예금 인출소동'이 일어났다. "경영이 어려운 것 같다" 등의 전적으로 데마의 괴전화가 계기가 되어 아침부터 예금의 인출, 해약을 요구하는 사람들이 쇄도하여 그 수는 동 지점만도 약 1000명에 이르렀다. 오후가 돼서 인출을 요구하는 사람들은 본점과 다른 8개 지점에 쳐 들어가 동 신용금고는 지불에 쫓겼다. 그러나 예금자의 불안을 진정시키기 위해 오후 3시의 폐점 후 심야까지 지불을 속행. 동일 오후 10시가 지나서 본·지점 합쳐서 연인원 약 4890명에게 추계 약 14억 2백만엔(동 금고 발표)을 지불하여 겨우 소동은 수습되었다. 도카이(東海)재무국과 일본은행 나고야지점도 "도요가와 신용금고에 전혀 불안은 없다"라고 예금자를 설득했고 아이치현 경찰도 '악질적인 데마'와 괴전화의 출처 수사에 착수했다.

(아사히신문, 1973년 12월 15일, 조간)

이 예금 인출소동은 오일 쇼크에 동요된 일본 사회의 일면을 클로즈업 한 것이고 사회심리학적으로도 흥미있는 사건이었다.

기시타 도미오(木下冨雄, 1977)는 이 유언 경로의 추적 조사를 통해서 유언은 전혀 모르는 사람 사이로 전달되어 가는 것이 아니고 여러 가지 인간관계의 결합을 사이에 두고 전달되어감을 밝혔다(I -1).

다음의 기술은 그의 논문에서 발췌한 것이다.

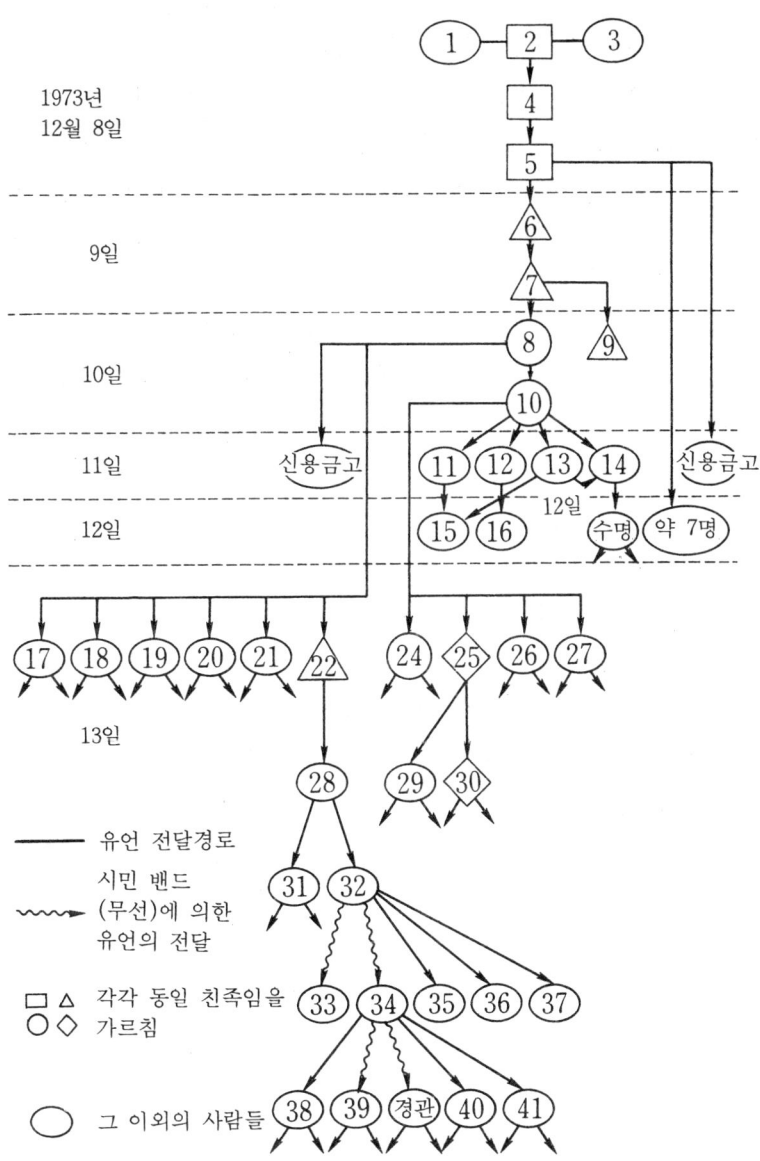

1973년
12월 8일

9일

10일

11일

12일

13일

—— 유언 전달경로

시민 밴드
〰〰〰〰➤ (무선)에 의한
유언의 전달

□ △ 각각 동일 친족임을
○ ◇ 가르침

◯ 그 이외의 사람들

Ⅰ-1. 도요가와 신용금고의 유언의 전달경로(가시타, 1977)

도요가와 유언의 발단은 태평양전쟁 개전일과 같은 12월 8일, 학교를 가던 여고생의 철없는 회화 속에서 시작되었다. 1, 2, 3이라는 3명의 고교생 중 1이 도요가와 신용금고에 취직이 내정되어 있었는데, 친구인 3이 "신용금고는 위험해"라고 1에 대해서 농담을 했다. 이것은 단순한 취직 축하의 속셈으로 말한 농담이었고 1도 3도 그것을 알고서 한 회화였으나 옆에서 듣고 있던 2가 완전히 곧이듣고 귀가하여 숙모 4에게 이야기했다. 4는 과거에 민간금융업자의 도산에 걸린 경험이 있어 걱정이 되어 시누이인 5에게 사실 조사를 의뢰했다. 5는 몇일 후 도요가와 신용금고의 아는 사람에게 연락하여 사실무근임을 확인하고 올캐에게 연락하였으나 그보다도 일찍 단골 미장원 6에게 그 소문을 입밖에 냈다. 5는 또 함께 해외여행을 한 주부의 그룹에도 소문을 전했으나 그 주부들 중의 한 사람의 남편이 도요가와 신용금고의 관계자여서 소문을 그 자리에서 일소(一笑)에 붙였기 때문에 이 루트의 소문은 그 이상 발전하지 않았다. 그런데 6은 자기집에 놀러 와있던 여동생인 7에게 소문을 전했고 7은 다음날 친정나들이를 했을 때 아버지인 9에게 환담을 하는 가운데서 소문을 전했다. 마침 그때 어떤 상점주인 8이 주문을 받기 위해 9의 집에 와 있었고 환담에 가담했다. 8은 귀가하여 아내인 10에게 전했으나 그때는 어느 쪽도 반신반의였다. 10은 다음날 유치원 아동의 어머니 동료에게 소문을 전했지만 그때도 아직 진심으로 한 것은 아니었다. 사건이 극적으로 전개된 것은 13일의 일이다. 당일 10이 집을 지키고 있는데 아는 사람이 전화를 빌리러 들려서 자기집에 전화를 하고 있는 모양이었지만 그 회화를 무심코 듣고 있노라니까 도요가와 신용금고에서 120만 엔을 인출해 달라는 내용이었다. 실은 이 전화는 순수하게 상용(商用)의 것에 불과했지만 남편으로부터 소문을 들었던 10은 역시 그 소문은 정말이었다고 속단하여 서둘러 외출중인 남편을 불러드렸다. 그 내외는 상의끝에 평소 신세를 지고 있는 고객에게 은혜를 갚는 것은 바로 이때라고 하여 둘이서 분담하여 17에서 27에 이르는 사람들에게 선의로 소문을 퍼뜨렸다. 소문이 폭발적으로 확산된 것은 이것이 계기였다.

2. 이단자는 무시할 수 있는가

"남의 행동을 보고 자기 행동을 고쳐라"는 것은 전통적인 사회교육의 방법이지만 그것을 잘못 적용하면 자신의 머리로 생각하는 일이 소홀해진다. "좌우지간 선례가 없으면……"은 나쁜 관료주의자의 상투적인 말이다.

이러한 종류의 멘탈리티(mentality)는 "돌다리도 두들겨 보고 건너라"라고 하는 신중함에도 통하지만 그것이 좋은 일인지 어떤지는 모른다. 생명을 구하는 것이라도 되는가 하면 치명적으로 되는 경우도 있다. 어차피 결과론이고 제3자가 이러쿵 저러쿵 말해도 소용이 없다.

그러나 그러한 멘탈리티가 습관화되고 마침내 천성이 되어 누구나 모두 동일한 가치기준에 따라서 행동하게 된다면 중대한 사태이다. "메뉴얼(manual)주의도 여기까지 투철하면 대단한 것이다"라고 농담으로 얼버무려 넘길 수만은 없다. 매뉴얼에 기재되어 있는 것만이 전부는 아니다. 사실인즉 상황이 바뀌면 즉각 끝장이다.

어느 사회에 있어서도 구성원에게 전달하지 않으면 안될 문화, 관습, 전통이라는 것이 있다. 만일 그 전달에 실패라도 하는 일이 있다면 세대간의 단절에 그치지 않고 사회 그 자체의 존속이 위태롭게 되어버린다.

예컨대, 결혼식 등의 행사는 사회적인 경사(慶事)에서 개인(가족)적인 경사로 그 특별한 의미를 변화시켜 오고 있지만 그래도 하지 않고 넘겨버릴 수는 없다. 구분이 안된다고 할까 사회인으로서 무언가 중요한 것을 잊고 있는 것과 같은 기분이 되어버리기 때문이다. 즉, 이러한 기분이나 감정이 있는 한 그 사회는 아직 사람들로부터 지지를 받고 있다고 해도 된다.

한편, 사람들이 사회의 일원임을 정식으로 인정받기 위해서는 미리 준비된 사회화(社會化)의 커리큘럼을 이수하여 그것에 합격할 필요가 있게 된다. 대개의 사람들은 이의없이 합격하지만 때로는 불합격자가 나온다.

점수가 조금 모자라는 정도면 '괴짜'로 끝나는 것이지만 어쩔 도리가 없다는 정도가 되면 '정신 이상자' 취급이다. 사회로부터 배척된다.

이와 같이 사회적으로 버림받고, 돌보지 않는 것은 어딘가 '도마뱀의 꼬리 자르기'와 비슷하여 일탈자(逸脫者)의 언동을 진지하게 받아들이려고 하면 이제까지 '자명한 일'이라 하여 의심도 하지 않았던 일까지 모두 의심스럽게 되어버린다. 만일 그렇게 되면 사람들의 행동을 지탱해온 사회생활의 기반이 근본부터 흔들려버려 사회불안으로 발전할지도 모른다.

그것을 미연에 방지하기 위해 사회적인 '도마뱀의 꼬리 자르기'가 행해지는 것이다. 잘라버리면 "그것으로 끝이다"라는 것이 되고, 우선 일단은 안심이다. 그러나 문제의 해결로는 되지 않는다. 이것은 보고도 못본 척하고 있는 것 뿐이고 이윽고 그 부작용의 크기에 깜짝 놀라게 된다.

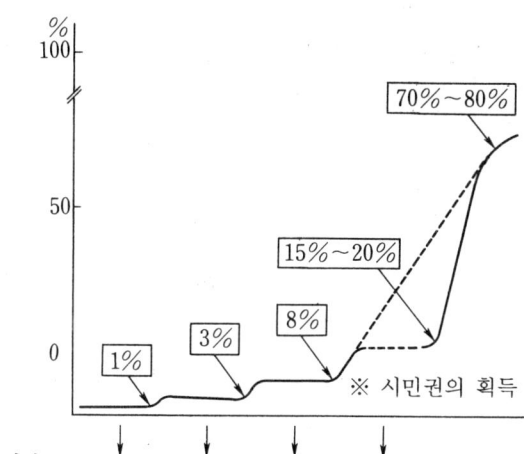

I-2. **퍼센트의 벽**(무기시마, 1979)

이 점에 대해서 무기시마 후미오(麥島文夫, 1979)는 범죄자나 비행 소년에 대한 사람들의 받아들이는 방법이 그 증가에 대응해서 어떻게 변화하는가를 다음과 같은 그래프로 보여주고 있다. 이름붙여 '퍼센트(percent)의 시민권'이다(Ⅰ-2).

㉮ 1퍼센트까지……같은 세대로 동성(同性)인 자를 생각한 경우 이러한 행위나 행동을 보이는 자가 1퍼센트 미만에 머무를 때 그들은 '전적으로 양해 불능의 존재(자기들과는 별개 세계의 사람)'로 간주되어 경원해 버린다.

㉯ 3퍼센트까지……이러한 행위나 행동을 모방하거나 '가치 있음'이라고 생각하는 사람이 나타나면 동조자는 어느 정도까지 증대한다. 그러나 일반 사람들의 반응은 여전히

‘괴짜’라고 하는 취급을 한다.

㉲ 8퍼센트까지······이러한 행위나 행동이 신변의 문제로 되고 “나와는 관계 없다”라고 보고도 못본 척할 수 없게 된 상황이다. “자기 아이만은······”이라는 소원도 등잔밑이 어둡다의 실례(實例)가 될지도 모른다.

㉱ 15~20퍼센트까지······‘이 연대의 아이들이라면 당연한 일’이라는 형태로 시민권을 얻어버린 단계이다. 이렇게 되면 사안의 선악(善惡)은 문제가 되지 않고 “모두가 그렇게 하고 있으니까”라는 대의명분이 버젓이 통하는 것이 된다.

사회대책으로서 필요한 것은 8퍼센트의 벽을 넘지 않도록 하는 일이고, 그를 위해서는 계속 선수를 치는 대책이 요구되는 것이다.

3. 자기를 굽혀서 사람과 조화시킨다

봄방학이 되면 대학생은 서클이나 클럽의 합숙, 여행이다 아르바이트다 하여 바쁘다. 4학년생은 ‘이것이 마지막 봄방학’이란듯이 해외여행을 떠난다.

그것을 곁눈질로 바라보면서 ‘1달러는 360엔’이라는 환율이 머리에서 떠나지 않고 있는 중고년층은 “이것이 꿈인가 환상인가. 일본도 풍요롭게 되었군. 그러나 이것도 언제까지 지속될 것인가······”라고 무심결에 불길한 말을 지껄인다(Ⅰ-3).

그 사람이 어떠한 청춘시대를 보냈는가에 따라서 인생관이나 세계관이 달라진다. 때로는 삶의 방법을 결정해버리는 일조차 있다. 물론 한 사람 한 사람을 보면 청춘시대의 체험은 각

● 일본인은 풍요로운 생활을 하고 있는가

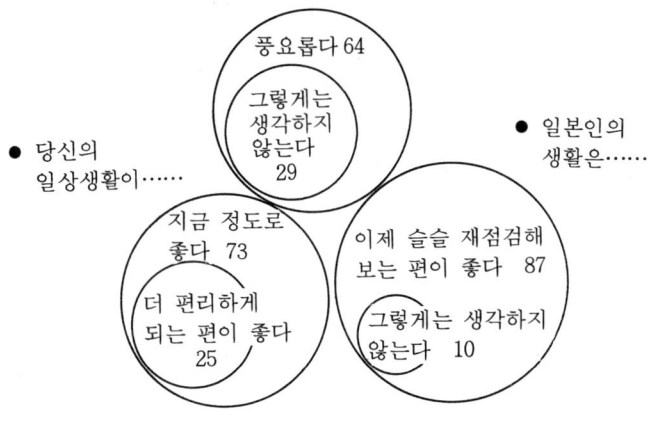

(숫자는 %, '기타·대답없음'은 생략)

Ⅰ-3. **국민의식 조사**(아사히 신문사가 일본 전국에서 3000명
   의 유권자를 대상으로 실시한 개별 면접 조사, 아사히
   신문 1993년 1월 1일, 조간)

인각색이고 누구 한 사람 같다고 하는 일은 없다.

그러나 대충 파악해 보면 각 세대에 공통된 청춘상(靑春像)
을 찾아볼 수 있다. 전중파(戰中派), 전후파, 안보(安保)세대,
전학공투회의(全學共鬪會議)세대, 단괴(団塊)의 세대(역주 :
1947년부터 5년간 일본의 baby boom때에 태어난 세대)……라
는 식이다.

나이가 들면 지금까지 거들떠 보지도 않았던 동창회나 반창
회가 즐거움으로 된다. 각자가 걸어온 인생은 달라도 화제를
함께 할 수 있기 때문이다. "그때, 그런 일이 있었잖아. 그만
젊은 혈기의 소치로 나도 몽둥이를 들고……"라고 하는 식이
다.

만일 이것이 젊은 사람 상대라면 늙은이의 희언(戲言)이고

무엇을 말하고 있는지 알 수 없다. 그들에게는 '연합적군(連合
赤軍) 사건'도 먼 옛날의 사건이고 가라오케 스낵빠에서 『이국
의 언덕(異國の丘)』을 듣는 것과 같은 것일 것이다.

• 나가다·사카구치 피고의 사형 확정, 연합적군 사건
> 연합적군 사건에서 살인, 사체유기 등의 혐의로 1, 2심에
> 서 사형선고를 받은 연합적군 전 최고간부인 나가다 요코
> (永田洋子, 48세), 사카구치 히로시(坂口弘, 46세) 두 피고와
> 전 멤버로서 마찬가지 혐의로 징역 20년 형을 받은 우에가
> 키 야스히로(植垣康博, 44세) 피고에 대해서 최고재판소 제
> 3소법정(사카가미 고도부키 재판장)은 19일 오후 1시반 1,
> 2심 판결을 인정하여 피고·변호인측의 상고를 기각하는 판
> 결을 언도했다. 이에 따라 첫공판으로부터 20년이 경과해서
> 나가다, 사카구치 두 피고의 사형을 포함하는 3명의 형이 확
> 정되었다. 판결 이유로서 제3소법정은 "피고들의 죄책은 극
> 히 중대하여 원심의 형량을 시인하지 않을 수 없다"라고 언
> 급했다…….

(아사히 신문, 1993년 1월 20일, 조간)

사람들은 미래에 관한 사항에 대해서도 열심히 서로 이야기
를 나누지만 그것은 이따금 오래 계속되지 않는다. 지껄이고
있는 동안에 홍이 가셔버리기 때문이다. 그 허무함을 없애기
위해서는 아무튼 믿는 길밖에 없다. '믿는 자는 구원을 받는다'
는 것은 세상의 상례이지만 현세(現世) 이익이 부족한 미래학
은 사람들을 무언가 흡족할만큼 열광시킬 수는 없다(Ⅰ-4).

1998	시속 300km로 환경기준을 만족시키면서 주행하는 신칸센(新幹線)의 실용화
2001	장기이식이 구미와 같은 수준으로 보급
2002	1칩당 10억 비트 이상의 초LSI의 실용화
2003	에이즈 백신 개발
2005	장착(裝着) 또는 매립형 인공신장의 개발
2006	화산분화의 2~3일 전의 예측이 확실히 가능
	에이즈 치료법 확립
2007	시속 500km 이상의 리니어 모터 카(linear motor car)의 실용화
2008	즉시응답(real-time)으로 작동하는 일·영어 자동통역 전화의 개발
2009	스트레스가 원인인 정신장해의 예방이 가능해진다.
2010	인간의 DNA의 전염기배열(全鹽基配列) 결정
	마그니튜드(M) 7 이상의 지진을 수일 전에 예지하는 기술
2011	태평양을 2시간 이내로 횡단하는 여객기의 개발
	알츠하이머병의 예방법 개발
2013	암 예방약 개발
2015	암세포를 정상화시키는 치료가 일반화된다.
	달 표면의 항구 우주기지 실현
2017	고속증식로 시스템 실용회
2020	동면법(冬眠法) 등에 의한 생체보전법 개발

Ⅰ-4. 미래 기술의 **실현 예측**(일본 과학기술청 과학기술정책 연구소가 전문가를 대상으로 실시한 앙케이트의 조사 결과, 1992년 11월)

사회가 바뀔 때는 사회를 둘러싼 환경이 격변하여 좋든 싫든 간에 변화가 요구되는 경우와 사회의 구성원이 이질성(異質性)을 강화시킨 결과 내부로부터 바뀌지 않을 수 없는 경우가 있다. 세대간의 대립은 후자의 한 예이고 여러 가지 문제는 있다해도 그 자체는 환영하여야 하는 것이다.

그러나 그것이 대립하기까지는 이르지 않고 쌍방이 냉정한 태도로 시종일관하게 되면 사태는 오히려 심각하다. 모르는 사이에 사회의 해체 위기가 스며 다가서고 있기 때문이다.

이 점에 있어서 야콥스와 캠벨(Jacobs, R. & Campbell, D. T., 1961)의 집단규범의 전승(傳承)에 관한 실험은 홍미가 있다. 그들은 암실에서 광점(光點, 작은 빛)을 내보이면 광점이 움직여 보인다는 '자동운동' 현상(autokinetic movement)을 이용하여 자의적(恣意的)으로 설정된 판단치(判斷値)가 어느 정도까지 집단 멤버의 판단을 구속하게 되는가를 실험한 것이다.

예컨대, 4인 1조로 하는 그룹의 경우 3명은 바람잡이(confederate)이고 1명만이 진짜 피험자(被驗者)였다. 그들은 눈을 가린채로 실험실에 안내되어 실험이 시작되면 한 사람씩 광점이 어느 정도 움직여 보였는가를 보고토록 요청되었다. 피험자의 자리순서는 마지막으로 되어 있고 자기 차례가 올 때까지 다른 3명의 바람잡이의 판단을 듣게 한 것이다.

실험자에 의해서 설정된 바람잡이의 판단치는 비정상이라고 생각되는 것이었으나 30회의 시행(試行)을 반복하는 동안에 피험자의 판단치도 그것에 접근해 간 것이다. 이것은 '동조성(同調性, conformity)'의 실험이지만 그후 바람잡이 1명을 퇴장시키고(제1세대 완료) 새로운 피험자와 교체하였다. 그들도 마찬가지 절차로 판단치의 보고가 요청되었고 30회의 시행이 종료되면 바람잡이 1명을 퇴장시키고(제2세대 완료) 새로이 진짜 피험자를 참가시켰다. 이렇게 하여 실험은 11세대까지 계속되었다.

그 결과에 따르면 바람잡이에 의해서 도입된 비정상이라고 생각되는 판단치는 그들이 전원 없어진 다음에도 당분간은 그 뒤에 참가한 피험자의 판단을 좌우하는 힘을 가질 수 있었던

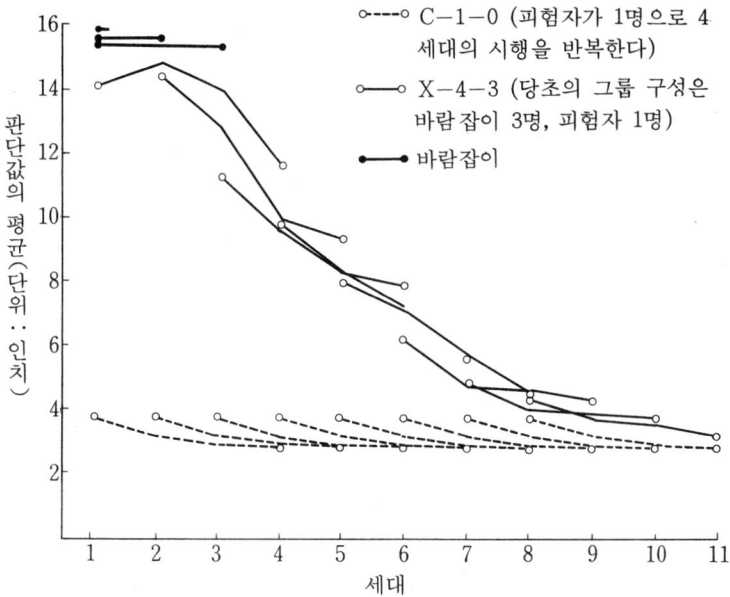

Ⅰ-5. 4인 그룹에서의 **실험결과**(Jacobs & Campbell, 1961)

것이다.

한편 새로운 멤버의 참가는 서서히 그 비정상을 시정하게 되었다(Ⅰ-5).

4. 말과 행동은 일치하지 않는다

인간사회에서는 겉치레 말과 속마음이 같지 않은 것은 으레 따르게 마련이다. 사람들의 사물에 대한 견해, 사고방법은 반드시 같은 것은 아니기 때문에 합의를 얻으려고 하면 양보나 타협이 필요해진다. "이것 이상은 양보할 수 없다"라는 한계를 둘러싸고 흥정이 행해진다. 정당정치는 이 표본이다. "정치가를 보고 있으면 그 국민의 지성(知性)을 알 수 있다"라고 일컬어 지기도 한다.

돈을 사용하는 후보자가 나쁜가, 돈을 요구하는 유권자가 나쁜 것인가, 후보자에게 정치가로서의 식견이 없는 것인가, 유권자가 그것을 기대하고 있지 않는 것인가, 여당이 부패하고 있는 것인가, 야당이 타락하고 있는 것인가 하는 논의는 평행선을 따라갈 뿐이다.

로키드 사건, 리쿠르트 사건, 도쿄 사가와큐빈(東京佐川急便, 〈운송회사명〉) 사건으로 일본 국민의 정치불신은 오로지 높아져 갈 뿐이고 변화의 조짐은 조금도 나타나지 않는다. "선처하겠습니다" "적극적으로 검토하겠습니다"라는 국회 답변의 상투적인 말이지만 실행을 수반하지 않는 점에서는 구두 약속의 표본과 같은 것이다. 일본 국민쪽도 냉정하게 "어차피 총리대신이 2년, 대신이 1년이라는 돌려 가며 하는 인사에서는 약속해도 책임을 질 수 없을 것이다"라고 하여 진지하게 귀를 기우리려 하지 않는다.

그러나 외국 상대의 교섭이 되면 그렇게 되지 않는다. 책임있는 입장의 사람의 발언은 그나름의 비중을 갖고 받아 들여지기 때문이다. 앞서 한 말을 경솔하게 번복하는 것과 같은 일이 있다면 "처음부터 우리들을 속일 작정이었다"라고 비난 받는다.

'약속은 약속'이다. 상황이 바뀌어도 제멋대로 약속을 깰 수는 없는 것이다. 이것을 문화의 차이라고 말해버리면 그만이지만 문화가 달라도 약속은 지키지 않으면 안된다. 그것이 국제 간의 룰(규칙)이고 약속을 지킬 수 없게 되면 상대를 해주지 않는다. 그런 의미에서는 언행의 일치가 상호신뢰의 첫걸음이

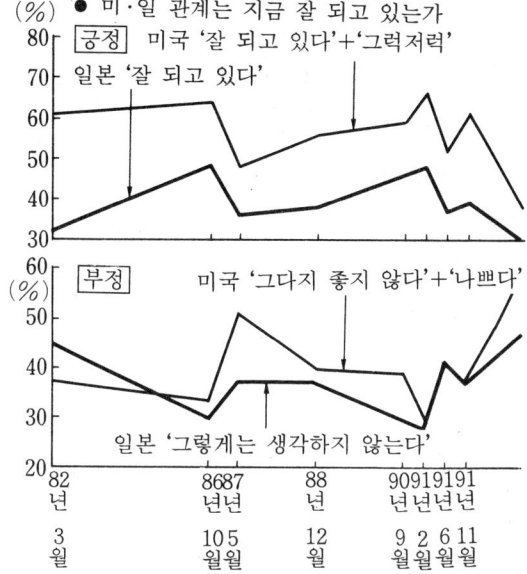

(%) ● 미·일 관계는 지금 잘 되고 있는가
80 [긍정] 미국 '잘 되고 있다'+'그럭저럭'
70 일본 '잘 되고 있다'
60
50
40
30
60 [부정] 미국 '그다지 좋지 않다'+'나쁘다'
(%)
50
40
30 일본 '그렇게는 생각하지 않는다'
20
82년 8687년년 88년 90919191년년년년
3월 105월월 12월 9 2 6 11월월월월

(일본의 '어느 쪽이라고도 말할 수 없다'와 미·일의
'기타·대답 없음'은 생략)

Ⅰ-6. 아사히 신문·해리스 공동 여론조사(일본은 9300만 명
의 유권자 중에서 무작위로 300명의 대상자를 선정하여
개별 면접 조사로 실시함. 유효회답률은 78%. 미국은
18세 이상의 미국인에서 회답자를 선정하여 전화 인터
뷰를 함. 회답자수는 1254명. 아시히 신문, 1992년 12월
28일, 조간)

다(Ⅰ-6).

사회심리학에서는 이 종류의 문제는 '태도(attitude)'와 '행동
(behavior)'의 일치, 불일치로서 채택되어 왔다.

지금은 고전(古典)이 된 라 피에르(La Piere, R.T., 1934)의
연구는 중국인에 대한 미국인의 편견 문제를 채택한 것이다.
그는 중국인 부부와 함께 동양인에 대한 편견이 강했던 당시
의 미국 국내를 여행하여 67개의 호텔과 모텔, 184개의 레스토
랑이나 카페에 들렀다. 그러한 가운데서 실제로 서비스를 거절

한 것은 1개의 모텔뿐이었다. 확실히 예상밖의 결과였으나 이점에 대해서는 "이것은 백인인 실험자가 동행하고 있었기 때문이고 그렇지 않았으면 서비스의 거절은 더 많았을 것이다"라는 비판이 예상된다. 라 피에르는 그것을 고려하여 중국인 부부가 직접 교섭하는 기회를 설정하였지만 결과는 마찬가지였고 서비스의 거절은 볼 수 없었다. 그후 같은 호텔, 레스토랑 앞으로 질문서를 우송하여 "중국인을 손님으로서 받아 들이는가 어떤가"를 질문하였더니 90퍼센트 이상이 거절이라는 회답을 해왔다(Ⅰ-7).

	실제 방문한 호텔이나 모텔	방문하지 않은 호텔이나 모텔	실제 방문한 레스토랑이나 카페	방문하지 않은 레스토랑이나 카페
거 절	20	19	40	37
상황에 따라서	1	1	3	4
받아들임	1	0	0	0
회답수	22	20	43	41

(주) 방문을 받은 것이 회답에 영향을 주고 있는지 어떤지를 체크하기 위해 방문하지 않은 곳에도 질문서를 보냈다.

Ⅰ-7. '중국인을 손님으로서 받아들이는지 어떤지'에 대한
회답 결과(La Piere, 1934)

당사자를 눈앞에 둔 경우와 질문서에 회답하는 경우와는 거절의 용이성도 상이하다고 생각되지만 말과 행동은 반드시 일치하지 않는 것에 대한 실례이다.

5. 신분과 지위는 인격보다 우선한다

전차 안에서 옆자리의 승객들이 그냥 모르는 척하고 앉아

있는 것처럼 상대방이 어디서 굴러먹던 말뼈다귀인지 모르는
상황에서는 침묵을 지키는 것이 무난하다. "건드리지 않는 신
(神)에는 탈이 없다(역주 : 쓸데없는 일에 손을 대지 말라의
뜻)"이고 그들을 결합시키는 사회적인 굴레는 눈에 띄지 않는
다. 바야흐로 스트레인저(stranger)의 세계이다.

　사람들은 태어나는 순간 "아무개 집 누구 누구"라는 형태로
분류되고 성별, 출생순위 등에 상응하는 취급을 받게 된다.

　이러한 것들은 본인의 힘으로는 어떻게도 할 수 없다는 것
으로부터 '귀속적 지위(ascribed status)'라 부르고 있다. 이에
반해서 본인의 노력이나 능력에 의해서 획득한 것이 '획득적
지위(achieved status)'이다. 입지전(立志傳)은 그러한 '공을 세
우고 이름을 떨친' 사람들의 성공담이다.

　한편 비즈니스맨이면 명함의 교환이 인사 대신이다. 그 명함
에 기재된 지위에 따라 취급도 달라진다. VIP는 VIP답게, 보통
사람은 보통 사람답게 하는 것이 원칙이고 그 취급을 잘못하
면 비즈니스에도 영향을 미친다. 비즈니스도 결국은 인간관계
가 기본이다.

　그러나 때로는 "신분이나 지위를 보고 사람을 평가하지 않
는다"라는 일이 일어날 수 있다. "대학의 교수라면 틀림없을
것이다"라고 믿었다가 보기좋게 사기당했다는 이야기도 있다.
잘 생각해 보면 '지위가 무엇이든 결국은 본인이 문제'라는 것
을 알게 되지만 순간적인 일로는 거기까지 머리가 돌아가지
않는다. 조건반사처럼 지위에 반응해 버리는 것이다.

　세상의 식자들은 이러한 행위에 대해서 '내용보다도 겉보기
에 사로잡히는 어리석은 자'라고 비난하지만 '내용도 또한 겉보
기에 따라 좌우되는' 것이 실상이다. 오히려 내용은 잘 모르지
만 겉보기는 일목요연하다. 문제는 좋은가 싫은가이다.

또한 퍼스컴, 팩시밀리로 대표되는 정보화 사회는 지위, 직책, 회사명이라고 하는 기호화된 정보가 난비(亂飛)하는 곳이고 섣불리 살아 있는 인간이 어정거리면 오히려 혼란스럽게 되어버린다. 주민등록제도하에서는 국무총리이든 탤렌트이든 모두 숫자로 표시되어 버린다. 중요한 것은 숫자의 기입 착오나 입력 착오가 없어야 하는 일이고, 그 숫자에서 특정 인물을 잠시라도 회상하거나 생각하는 데 시간을 낭비한다는 것은 의미가 없다.

그럼에도 불구하고 인간의 심리로서는 기호화된 정보만으로는 어딘가 불안하다. 그러한 불안을 없애기 위해서도 살아 있는 인간이 증인으로서 요구되는 것이다. 일종의 의식(儀式)과 같은 것이고 "반드시 이 사람이 아니면……"이라고 하는 성질의 것은 아니다. 누군가가 거기에 있으면 되는 것이다.

그 결과 당일치기 출장이 많아져서 오히려 바빠진다. 정보화 사회란 인간 자신이 정보화되는 것이기도 하다.

미쓰이 히로다카(1982)는 일상의 교제에서 볼 수 있는 대금 지불 장면을 문제삼아 선배-동배-후배, 상사-동료-부하라고 하는 인간관계가 대금의 지불방법에 어떻게 영향을 주는가를 분석했다. 구체적으로는 대학연구실에 소속되어 있는 모씨의 행동기록을 재분석한 것이다.

그 결과에 따르면 '상사·선배'가 상대인 경우에는 '적게 지불한다. 한턱 얻어먹는다'가 전체 사례의 83.3%이고, '동료·동배'가 상대인 경우에는 '각자 부담'이 62.5%이며, '학생·후배'인 경우에는 '많이 지불한다. 한턱 낸다'가 38.5%로 되어 있었다 (I-8).

또한 흥미있는 점은 상대가 '학생·후배'에서 '동료(조수)'로 바뀌는 순간 대금의 지불방법은 '각자 부담'으로 옮겨 간 것이

(숫자는 사례수)

	상사·선배	동료·동배	학생·후배
적게 지불한다 한턱 얻어먹다	29(83.3%)	7(21.9%)	4(4.4%)
각자 부담	3(8.8%)	20(62.5%)	52(57.1%)
많이 지불한다 한턱 낸다	2(5.9%)	5(15.6%)	35(38.5%)
합 계	34(100.0%)	32(100.0%)	91(100.0%)

(주) 상대가 복수 이상인 경우에는 그 중에서 가장 중요하다고 생각되는 인물을
채택했다.

Ⅰ-8. **일상의 교제에서 볼 수 있는 대금의 지불방법**
(미쓰이, 1982)

(숫자는 사례수)

	학생과 조수의 관계	조수와 조수와의 관계
긱자 부딤	6	15
적게 지불한다 한턱 얻어 먹는다	11	3

Ⅰ-9. **지위의 변화에 따르는 교제방법**(미쓰이, 1982)

다(Ⅰ-9).

 대등한 관계를 유지하기 위해서는 금전면에서도 대등한 것
이 필요하고 그렇지 않으면 '지배-종속관계가 되어버리는 것
이다.

II. 당신과 관계가 없는 사람은 누구인가?

1. 일본 전부가 도쿄가 된다

국회의 이전이 논의되거나 대학이나 관청의 지방분산화가 추진되거나 '도쿄 일극집중(一極集中)'에 따르는 폐해를 시정하기 위한 대책이 여러 가지로 강구되고 있다.

그러나 어느 것도 충분한 효과를 거두고 있지 못한 것이 실상이다. 오히려 역으로 됴쿄 일극집중이 강화되고 '일본에서 대도시라고 할 수 있는 것은 도쿄뿐'이라고 소근거리기도 한다 (II-1).

특히 교통망의 정비는 도쿄로부터의 소요시간을 단축하게

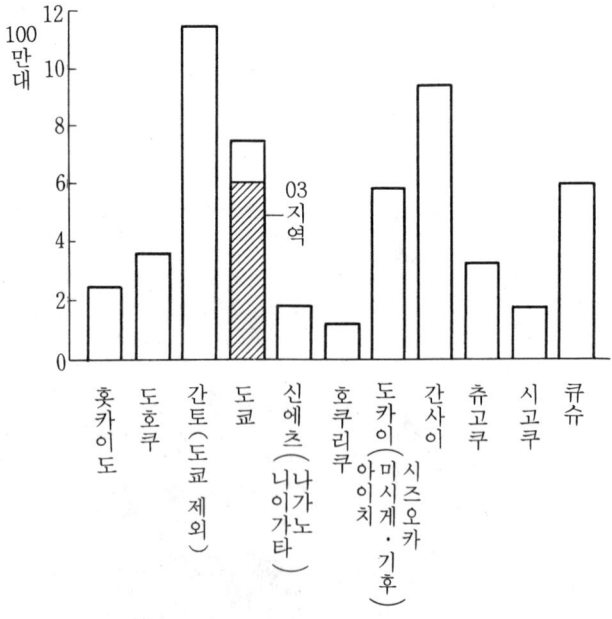

II-1. 지역별 전화 대수 (1991년 3월 현재. NTT 집계)

되었고 그 결과 어디를 가도 도쿄의 축소판이라는 분위기가 되어버렸다. 또한 지방 특산물 코너에는 도쿄 명과(名菓)점이 즐비하게 늘어서 있어 깜빡하면 선물로서 신주쿠 나카무라야 (新宿中村屋)의 과자를 사가지고 오게 딘다. 알고 보면 'made in Tokyo'이다. 미국인은 외국여행을 떠나도 미국에 있을 때와 같은 음식물을 먹고 마신다는 이야기를 들은 적이 있다. 이야기의 진위는 여하튼 도쿄인도 같은 길을 걷고 있는지도 모른다.

마이니치(每日) 신문사가 행한 '도쿄 일극집중'에 관한 여론조사에 따르면(1992년 1월 4일, 조간) "당신은 도쿄권에 거주하고 싶다고 생각합니까. 현재 도쿄권에 거주하고 있는 사람도 답변해 주십시오"라는 질문에 대해서는 "거주하고 싶다"가 전체의 17%(남성 14%, 여성 20%), "거주하고 싶지 않다"가 전체의 82%(남성 85%, 여성 79%)였다. 고령자일수록 "거주하고 싶지 않다"라고 대답하는 사람의 비율이 높아졌지만 역으로 20대에서는 "거주하고 싶다"라고 대답한 사람의 비율이 남성이 25%, 여성 38%였다.

그런데 "거주하고 싶다"라고 대답한 사람에게 그 이유를 물었더니(복수 회답) "물건·정보가 내 주위에 있다"가 전체의 40%(남성 45%, 여성 36%), "일할 장소가 많다"가 33% (남성 40%, 여성 28%), "패션, 연극, 음악 등 문화활동이 왕성하다"가 26%(남성 18%, 여성 31%) 등으로 되어 있었다 (II-2).

역으로 "거주하고 싶지 않다"라고 대답한 사람들에게 그 이유를 물었더니(복수 회답), "자연이 적다"가 전체의 32%(남성 28%, 여성 35%), "생활비가 많이 든다"가 32%(남성 32%, 여성 31%), "내집을 가질 수 없다"가 29%(남성 34%, 여성 25%), "통근 러시, 교통체증이 심하다"가 28%(남성 37%, 여성

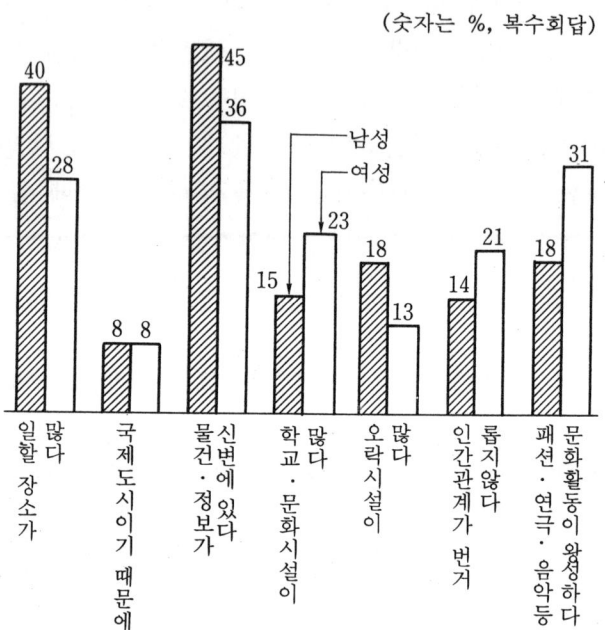

(숫자는 %, 복수회답)

II-2. **도쿄권에 거주하고 싶은 이유** (마이니치 신문사가 일
본 전국의 20세 이상의 남녀 3000명을 대상으로 실시한
개별 면접 조사. 1991년 11월 29일~1991년 12월 1일에
걸쳐서 실시. 마이니치 신문, 1992년 1월 4일, 조간)

21%), "공기가 오염되어 있다"가 27%(남성 21%, 여성 33%),
"인간관계가 희박하다"가 18%(남성 17%, 여성 '9%) 등을 주
된 이유로 들고 있었다.

남성과 여성에 있어서 대도시 도쿄에 대해서 요구하고 있는
것이 다른 것은 재미있다. 남성이 바라고 있는 것은 '일할 장
소'이고 그것에 수반하는 물건이나 정보이다. 한편 여성의 관심
사는 '생활을 즐기는 것'이고 도시가 제공하는 여러 가지 서비
스를 즐기는 것이다. 그런 의미에서는 여성이 한 걸음 앞서 도
시생활에 적응해버린 것이다.

미래의 도시 도쿄에 있어서도 남성은 일벌, 여성은 여왕벌이라는 기본적인 구도(構圖)는 바뀌지 않는 것이다.

그런데 이 조사에서는 "도쿄권에 거주하고 싶다, 거주하고 싶지 않다"에 관계없이 도시생활에 으레 따라다니는 인간관계의 문제가 표면에 나타나지 않은 것처럼 생각된다. 전국 조사이기 때문에 '도쿄'라는 이미지가 가져오는 외견적인 사항에 회답자의 관심이 쏠렸는지도 모른다. 도쿄 도민을 대상으로 한 조사라면 또한 다른 결과를 얻었을 것으로 생각한다.

2. 세상은 좁은가

한 사람의 인간이 일생을 통해서 아는 사이가 될 수 있는 사람들의 수는 도대체 어느 정도일까. 가족, 일가친척, 국민학교·중학교·고등학교·대학의 친구, 회사관계의 사람 등 그것들을 합계하면 그 수는 몇천 아니 몇만 명일까. 이것은 어려운 문제이다. 직업이나 연령, 성별, 거주지역에 따라서도 그 인원수는 달라질 것이고, 외향적이라든가 내향적이라든가 하는 그 사람의 성격과도 관계된다고 생각한다. 정치가처럼 한 사람이라도 많은 유권자와 아는 사이가 되기를 희망하고 있는 사람도 있는가 하면 역으로 인간관계의 번거로움을 피해서 조용히 생활하고 있는 사람도 있다. 확실히 양 극단이고 그들의 평균을 내보아도 그다지 의미가 없다.

이러한 것을 피하기 위해서는 대강일지라도 근거가 있는 수치가 필요해진다.

그 첫단계로서 온갖 계층의 미국인을 대상으로 하여 그들에게 100일간에 걸쳐서 무언가의 접촉(cmntacct)을 가진 사람들의 이름을 기록해 두도록 요청하였더니, 많고 적음은 있을망정 대략 500명 정도의 이름이 올라 온 것이다. 이 수치를 기준으로 하여 2억 명의 미국 인구 중에서 무작위로 2명의 인물을 선출했을 때 이 두 사람이 우연히 아는 사이였다는 확률은 20만분의 1이 된다. 이것은 확률적으로 보아 높은 수치일까 그렇지 않으면 낮은 수치일까.

그리고 이 두 사람이 공통적으로 아는 사람(중개인)을 가질 때 이 공통적으로 아는 사람을 사이에 두고 결합할 가능성은 비약적으로 높아져 만일 중개인이 2명 있으면 50% 이상의 확률로 접촉을 할 수 있는 것이다 (II-3).

물론 이것은 이야기를 단순화시킨 경우이고 현실의 인간관계는 더 복잡하다. 각각의 500명의 서로 아는 사이속에는 중복도 있는가 하면 눈에 보이지 않는 사회적 장벽 때문에 네트워크(network)가 그것 이상 확대되어 가지 않는 일도 있다. 단순히 500×500×500······으로는 되지 않는다.

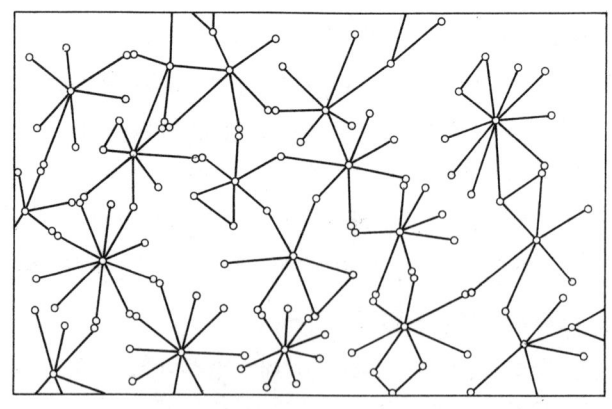

II-3. 서로 아는 사이의 사회적 네트워크(Milgram, 1967)

또 한편으로는 어딘가에 잃어버렸다고 체념하고 있던 물건이 알지도 못하는 사람에 의해서 보내져오는 일이 있다. 실마리가 있다면 또 모르되 그렇지 않을 경우에는 그 선의에 감격해 버린다. 고마운 동시에 어떻게 해서 나를 찾아낸 것일까 하고 생각에 잠긴다.

미국의 사회심리학자 밀그램(Milgram, S., 1967)이 이 종류의 문제를 밝히기 위해 채용한 방법은 우선 목표 인물(target person)을 정하고 이 인물과는 멀리 떨어진 곳에 사는 사람들을 발신인(starting person)으로 지정하였다. 예컨대, 제 1 실험에서의 목표 인물은 매사츄세츠주의 케임브리지에 사는 신학생(神學生)의 아내이고, 발신인으로는 캔자스주의 윗치토에 사는 사람들이 지정된 것이다(켄자스 연구). 또 제 2 실험에서의 목표 인물은 매사츄세츠주의 보스턴을 일터로 하는 증권거래업자였다. 한편 발신인은 네브래스카주의 오마하에 사는 사람들이었다(네브래스카 연구).

그리고 실험은 다음의 수순으로 진행되었다.

① 발신인에게는 일련의 자료가 들어간 폴더(folder)가 보내지고 그 안에 목표 인물에 관한 정보가 포함되어 있었다.

② 발신인이 이 인물을 직접 모르면 '자기가 아는 사람 중에서 이 인물을 가장 잘 알고 있다고 생각되는 사람'에게 폴더를 전송하도록 요구되었다.

③ 발신인으로부터 폴더를 송부받은 사람은 ②의 절차에 따라서 행동하도록 요구되었다. 이리하여 목표 인물의 수중에 폴더가 송달될 때까지 실험이 계속되었다.

④ 그 동안의 정보는 회신용의 엽서에 의해서 하나하나 연구자에게 전달되도록 되어 있었다.

당연한 것이지만 이 실험의 성공 여부는 폴더가 목표 인물의 수중에 송달되는지 아닌지에 걸려 있고, 연구자로서는 실험에 참가한 사람들의 협력을 기대하는 수밖에 손을 쓸 수 없었다. 말하자면 처분대로 내맡기는 심경이었다.

그런데 연구개시 후 2~3일에 1통의 폴더가 신학생의 아내에게 송달되었다. 그것은 캔자스주의 소맥(小麥) 농가의 주인이 발신인으로 되어 있고 그이로부터 그 마을에 사는 목사에게 전송되고, 목사는 케임브리지에서 공부하고 있었을 때 그를 지도한 사제(司祭)에게 보냈으며, 사제는 목표 인물인 신학생의 아내에게 직접 수교한 것이다. 이것은 성공한 경우이고 오히려 폴더가 도중에서 행방불명이 되어버리거나 참가자의 협력을 얻지 못하고 실패로 끝난 편이 많았다.

제2실험인 네브래스카 연구의 경우 160명으로부터 발신된 것 중 42통만이 목표 인물에게 도달되었다(26%). 그것들을 분석했더니 "폴더가 발신인으로부터 목표 인물에게 송달되기까지에는 5.5명의 중개인이 필요하다"라는 결과를 얻었다(Ⅱ-4).

또 실제로 보고 알게 된 것 중 흥미있는 것으로는

① 폴더를 전송하는 과정에서 '남성에서 남성으로' '여성에서 여성으로'라는 성 구분에 기초를 둔 흐름을 발견한 것.

② 제2실험에서 최종적으로 목표 인물(증권거래업자)에게 폴더를 송달한 인물의 내역을 보면 ㉮ 목표 인물과 같은 마을에 사는 사람과 ㉯ 목표 인물과 같은 직업의 사람으로 대별되었다는 것.

③ 더구나 최종적으로 폴더를 수교하게 된 인물은 이 두 개의 루트 중 특정 인물(key person)이었다.

이렇게 해서 보면 목표 인물이 남성인 경우 그 사회적 아이덴티티(soial identity)는

㉮ 커뮤니티에서의 사회적인 위치 부여

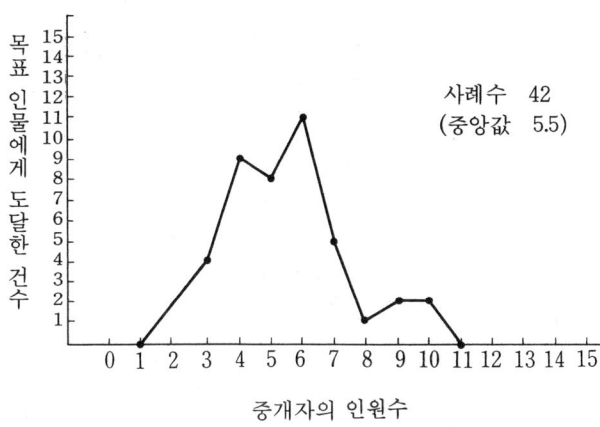

II-4. 목표 인물에게 도달할 때까지 소요된 중개자의 인원수
(Milgram, 1967)

㉔ 직업

에서 구할 수 있는 것 같다.

잇달아서 코테와 밀그램(Korte, C. & Milgram, S., 1970)은 백인과 흑인 사이의 사회적 장벽의 유무를 밝히기 위해 목표 인물을 뉴욕에 사는 백인과 흑인의 남성 각각 9명으로 하고(백인, 흑인의 두 그룹은 연령, 수입, 교육수준, 사회적 지위 등에 차이가 없도록 배려되어 있다) 발신인으로는 로스안젤레스에 사는 백인을 지정했다. 즉 목표 인물 1명에 대하여 30명의 백인이 발신인으로서 할당되었다. 실험은 전번과 마찬가지로 목표 인물에 관한 정보와 실험의 진행방법을 기록한 소책자를 그들에게 송부함으로써 시작되었다.

그 결과 최종적으로 목표 인물에게까지 도달한 것은 전부 540통 중 123통(23%)이었다. 다만, 목표 인물이 백인인가 흑인인가에 따라서 도달률에 차이가 있고, 백인의 경우에는 270

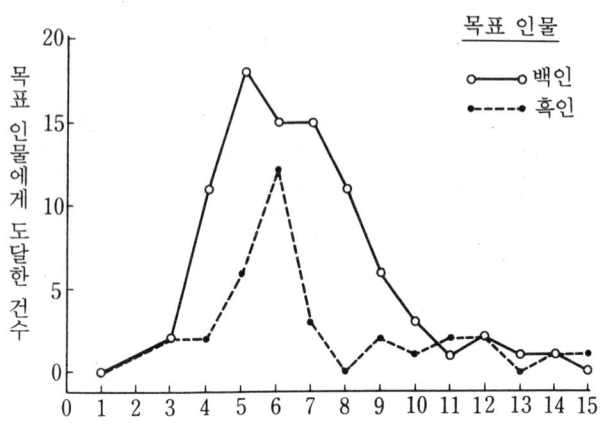

II-5. 조건별로 보았을 때의 중개자의 인원수(Korte & Milgram, 1970)

통 중 88통(33%), 흑인의 경우에는 270통 중 35통(13%)이었
다.

목표 인물에게 도달한 것에 대해서 분석하면 목표 인물이
백인인 경우에는 평균 5.5명, 흑인의 경우에는 5.9명의 중개자
가 필요하였다(II-5).

그런데 목표 인물이 흑인인 경우 백인간의 인간관계의 루트
에서 흑인의 루트로의 중개 역할을 하는 인물이 필요하였다.
이 문지기(gate keeper) 역할을 하는 것은 백인의 경우 전문직
에 종사하고 있는 사람들이고 흑인들과는 '친구 또는 아는 사
이'라고 일컫는 관계였다. 한편 백인을 발신인으로 하는 연쇄
(chain) 속에서 흑인이 최초로 등장하는 것은 목표 인물로서가
가장 많고(완성된 35통의 66%), 다음은 목표 인물의 직전이었
다(마찬가지로 20%). 말하자면 막바지 단계가 되어야 비로소
흑인 사회와의 접촉이 시도된 것이고 그것이 실패로 끝나면
(문지기의 부재 등) 거기서 연쇄는 정지되어 버린다.

3. 일본의 세상은 더 좁다

미스미 죠지(三隅讓二)와 기시타 도미오(1992)는 밀그램 들의 추가시험 연구로서 목표 인물을 오사카에 거주하는 X씨(지명도가 높은 기업에 근무한다고 설정 : Famous 조건)와 Y씨(지명도가 낮은 기업에 근무한다고 설정 : Obscure 조건)로 설정한 다음 (두 사람 모두 40세 전후이고 대졸의 과장으로 가족 구성도 같다) 발신인을 후쿠오카시 니시쿠의 주민등록대장에서 무작위로 추출한 성인 남자 200명으로 하고 각 100명씩 X씨와 Y씨에게 할당하기로 하였다.

실험은 어느날 갑자기 의뢰서, 목표 인물에 관한 정보, 사례품 한 세트가 송달됨으로써 시작되었다. 의뢰서에는 실험의 주요 취지 설명과 구체적인 의뢰내용(즉 위에서 말한 목표 인물이 만일 자기가 직접 아는 사람이 아니면 자기가 아는 사람 중에서 목표 인물을 가장 잘 알고 있다고 생각되는 인물을 1명만 선정해서 연구자에게 소개하는 것)이 기재되어 있었다. 연구자는 그 소개에 의거해서 다시금, 마찬가지 의뢰를 그 인물에게 행하는 것으로 하기로 한 것이다.

밀그램 들의 실험과 다른 점은 발신자로부터 직접 아는 사이에게 의뢰서가 보내지는 것이 아니고 연구자가 중간에 서서 중개하는 방식이 취해진 것이다. 이것은 밀그램의 방식으로는 참가자의 협력을 얻기 어려웠기 때문에 수정된 방식이었다.

최종적으로 후쿠오카의 발신인으로부터 오사카에 거주하는 목표 인물에게 도달한 것은 200통 중 55통(27.5%)이었다. 그 연쇄의 평균 단계수는 7.2(표준편차 3.7)였던 것으로부터 약 6.2명의 중개인을 거쳐서 목표 인물에게 도달한 것이 된다.

이것을 조건별로 보면 지명도가 높은 기업에 근무하고 있는

X씨의 경우(F 조건) 연쇄의 완성률은 29%, 평균 단계수는 5.5였다. 한편 지명도가 낮은 기업에 근무하고 있는 Y씨의 경우(O 조건) 연쇄의 완성률은 26%, 평균 단계수는 9.2였다. 연쇄의 완성률에는 통계적으로 유의차(有意差)는 없다고는 하지만 연쇄의 길이에 있어서 유의차가 발견된 것이다(II-6).

즉 지명도가 낮은 기업에 근무하고 있는 것이 접촉을 하는 데에 불리하게 작용하였다.

또 실제로 보고 알게 된 것 중 흥미있는 것으로는 발신인과 수신인과의 사이에 '동성 네트워크'(남성에서 남성으로, 여성에서 여성으로), '동년령 네트워크', '동직업인 네트워크'라고 하는 기본적 대인 네트워크가 발견된 일이고 일본사회에서는 이러한 네트워크가 눈에 보이지 않는 굴레를 형성하고 있는 것이다.

한편 미완성으로 끝난 것은 전체의 72.5%에 이르렀는데,

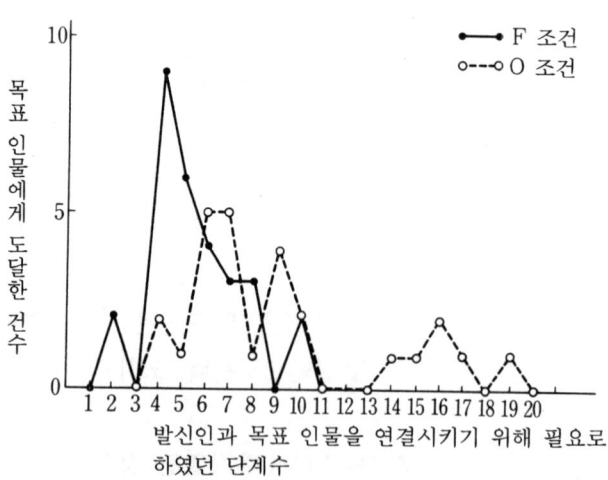

II-6. 조건별로 보았을 때의 연쇄가 완성될 때까지의 중개자 인원수(미스미·기시타, 1992)

그 주된 이유는

① 회신 엽서의 미반송(의뢰서, 재의뢰서의 어느 것에 대해
서도 회신이 없음)이 85%

② 지기(知己) 선택의 거부("귀찮습니다" "짚이는 사람이 없
습니다" 등)가 13%

③ 지기의 정의(定義)에 대한 착각(피소개자가 소개자의 지
기임을 부정한 경우)이 2%였다.

연구 테마로서는 재미가 있다지만 데이터를 얻는 것이 어렵
다는 것을 보여준 결과이다.

4. 이기주의적인 인간관계

그런데 현대사회의 특징의 하나는 인간관계의 복잡성이다.
일단 사건이 일어나면 끈끈한 인간관계가 표면화한다. 거기에
이해득실이 얽히게 되면 단순한 '선인(善人)·악인(惡人)론'으
로는 설명할 수 없는 사태로 발전해 버린다.

쓰지 쇼조(辻正三)·미쓰이 다카오(1975), 미쓰이 다카오
(1976)는 주민운동에 관한 연구의 일환으로서 구립(區立) 국
민학교에 공립 유치원을 병설하는 문제를 채택하여 거기서 볼
수 있는 인간관계를 해명하려고 하였다.

이 문제의 발단은 당시의 구청장 자문기관이었던 유치원심
의회가 구내의 인구로 보아 10개소의 공립 유치원의 설치를
답신(答申)한 것에 대하여, 구청측이 재정난을 이유로 그 중의
6개의 유치원은 학교부지 면적 8000평방미터 이상의 구립 국
민학교에 병설한다는 방침을 보인 것이다. 조사시점에서는 4개
의 병설 유치원이 이미 개원(開園)할 단계였고 나머지 2개원

(D, F 국민학교)에 대해서는 국민학교 PTA(사친회)를 중심으로 하는 반대에 부딛쳐 착공하지 못한 채로 4년이 경과하고 있었다.

D국민학교의 경우 반대운동은 1972년 11월의 병설 반대 청원이래 PTA에 '병설문제 대책위원회'가 설치되어 그것을 중심으로 추진되었다. 정치적으로는 보수적이라고 일컬어지는 그 고장의 기풍이었고 반대운동이 계속된 이유로서는

① 교내의 기념 식수원(植樹園)을 파괴하여 가면서까지 병설을 강행하려고 하는 구청측의 자세에 대한 반대
② 대책위원회를 거점(據点)으로 하는 어머니들의 적극적인 활동(PTA의 개혁도 포함)

을 들 수 있다.

연구에 있어서의 분석 자료는 1972년 11월 16일 제출한 병설 촉진을 요구하는 진정서(서명자 4162명)와 같은 해 11월 10일 제출된 병설 반대의 청원서(서명자 4628명)였고, 실제로는 각각의 청원서에 첨부된 서명자 명부를 사용하기로 했다.

① 우선 서명자 명부에 기재된 이름을 항공주택지도에 플롯(plot)하여 주거지의 확인을 했다. 그 결과는 촉진파 1605, 반대파 715였다. 서명자수와 비교하면 상당히 준 것으로 되었는데 이것은

㉮ 단위가 세대(世帶)로 되었다는 것(가족 중의 몇 사람이 서명하고 있어도 주택지도에서는 1가옥분으로서 취급된다).
㉯ 아파트나 연립주택 등 1가구 건축이 아닌 경우에는 서명자에 대해서 체크할 수 없다는 것

에 따른 것으로 생각된다(II-7).

이렇게 하여 거주가 확인된 촉진파와 반대파 주민 중에서

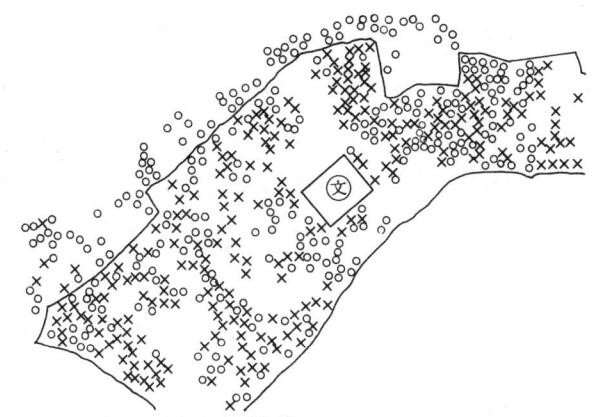

○ 유치원 병설 촉진 서명자 (4162명)   실선은 국민학교 학군을 가리킨다.
× 유치원 병설 반대 서명자 (4628명)

II-7. D국민학교에 유치원을 병설하는 것에 대한 주민의 태
　　　도(쓰지·미쓰이, 1975)

교구(校區) 내의 일부 지역을 골라내어 각 서명자의 가족구성
을 주민등록표에 의해서 체크했다. 그 결과 촉진파에서는 국민
학교 재학중의 학생을 가진 세대의 비율이 23.3%, 중간파(양
쪽에 서명) 55.3%, 반대파 70.3%이어서 각파 사이에 어린이의
나이와 관계 되는 이해관계가 발견된 것이다(II-8).

	국민학교 재학중	취학 전
촉　진　파	21	69
중　간　파	26	21
반　대　파	111	47
합　　　계	158	137

어린이의 수는 연인원수를 가리킨다.

II-8. 어린이의 연령과 병설유치원에 대한 태도(미쓰이, 1976)

다음으로 서명자 명부에 바탕을 두고 임의로 선택한 서명자에 대해서 '당사자의 전후에 기재된 인물 각 3명(계 6명)과의 관계'를 질문하였다. 그 결과 서로 아는 사이의 인원수는 촉진파가 평균 4.05명, 반대파가 3.49명이었다. 이 차이는 전자의 서명 모체(母体)가 반상회, 후자가 국민학교 PTA라는 집단의 특성에 따르는 것으로 생각되었다.

또한 '당사자와의 관계'를 카테고리별로 보아 가면 '이웃'이라고 대답한 것이 촉진파 62%, 반대파 42%. '어린이가 같은 국민학교, 유치원에 다니고 있다'가 촉진파 0%, 반대파 6%, '모른다'가 촉진파 18%, 반대파 30%로 되어 있었다.

"수는 힘이다"이지만 그 수를 모으는 데 있어서는 여러 가지 형태로 인간관계의 유대가 동원되는 것이다. '당신의 친구는 나의 친구'이다. 도시의 주민은 결코 고립해서 살고 있는 것이 아니고 여러 가지 인간관계의 굴레에 얽매여 있다. 다만 본인이 그것을 인지 못하고 있을 뿐이다.

개중에는 어느날 갑자기 날아드는 한 통의 편지가 인생을 바꿔버리는 것과 같은 운명적인 것도 있는가 하면 어떻게 해서든지 유력자와 연줄을 대기 위해 필사적으로 점과 선을 연결하려고 할 때의 실마리가 되는 것도 있다.

아무튼 인간사회는 단일의 집단이 전부를 도맡아 다룬다는 얄팍한 것이 아니고 복잡하게 서로 얽힌 다수 집단의 중층구조(重層構造)로서 성립하고 있다.

그 가운데에서 개인은 동시에 복수의 집단에 소속하면서 그들의 사이를 자유로히 헤쳐 다니거나 또는 유충(幼蟲)이 허물 벗기를 반복하면서 성충(成蟲)이 되는 것처럼 여러 가지 집단 활동을 체험하면서 사회인으로서 성장해 가는 것이다.

Ⅲ. 친한 동료는 몇 사람 되지 않는다

1. 조직 없이 개인 없다

사회의 안정이 유지되어 있기 위해서는 기본적인 의미에서의 사회정의(社會正義)가 지켜지지 않으면 안된다.

"정의는 이긴다", "악은 멸망한다", "노고는 보답된다"라는 것이고 사람들의 일상생활을 지탱하고 있는 신조이기도 하다. 만일 이것이 흔들리게 되는 일이 있으면 사회는 혼란스러워지고 사람들은 서로 의심에 의심을 거듭하고 결국은 아무 것도 아닌 것까지 의심하게 된다.

옛날의 거품경제가 화려했던 시절에는 사람들은 시류(時流)에 뒤지지 않으려고 앞을 다투어 돈벌이 이야기에 광분하였다. "이 주식을 사면 반드시 값이 오른다", "토지를 사 두면 손해 보는 일은 없다" 등등. 매스컴은 재(財)테크 붐을 부추겼고 "벌이가 된다"라고 밖에는 말하지 않는 평론가가 인기가 있었다(Ⅲ-1).

그렇게 되면 '착실하게 일하는 것'이 어리석은 것처럼 생각되

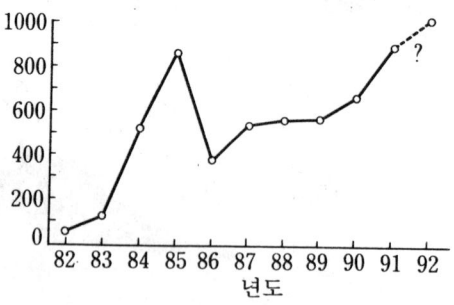

Ⅲ-1. 복합 상법(商法)에 관한 상담·고충건수
(도쿄도 소비자 센터 조사)

어버려 본업은 아랑곳 없어진다. '돈이 만사'의 세상이 되면 돈
을 위해서는 무엇이든 한다. 역으로 말하면 돈이 되지 않는 일
은 하지 않는다는 것으로 되어버린다. 그때까지는 '손해인가 이
득인가'라는 것은 생각치도 않았던 사람들이 갑자기 그러한 것
을 입밖에 내기 시작한다. 마치 저주가 풀린 것과 같다.

생각해 보면 세상의 이모저모는 수지가 맞지 않는 것 뿐이
다. 그 으뜸가는 것이 아이를 키우는 것일 것이다. 대학을 졸업
시킬 때까지 드는 비용과 그 되돌아 옴을 저울질 해보면 도저
히 채산이 맞지 않는다. 사업이라면 도산(倒産)이다. 그럼에도
불구하고 많은 부모는 자기들의 생활비를 줄여 가면서까지 아
이들의 학자금을 짜내고 있다. "육친(肉親)의 정은 금전보다
낫다"라는 것일까.

이 점에 대해서 미국의 사회학자 터너 등(Turner, J. L., Foa,
E. B. & Foa, U. G., 1971)은 "사람들이 사회관계를 맺을 때에는
사회적 자원(social resources)의 교환이 행해지고 있고 그 주요
자원은 애정, 지위, 정보, 금전, 물품, 서비스의 여섯 가지이다"
라고 주장하였다.

예컨대, 애정에 대해서는 애정을 갖고 보답하는 것은 당연하
다 해도 다음으로 좋아하는 것은 지위, 정보, 서비스이고 금전
은 가장 걸맞지 않은 것으로 판단되었다.

한편 금전에 대해서는 금전이나 서비스에 의한 답례(교환)
를 좋아하고 애정이나 지위는 부적당하다고 판단되었다(Ⅲ-2).

사람들이 사회를 의식하고 그 존재를 실감하는 것은 집단이
나 조직을 통해서이다.

'개인'이라 해도 무언가의 형태로 집단이나 조직에 소속되어
있고 그것들을 사이에 두고 사회와의 결합이 탄생된다.

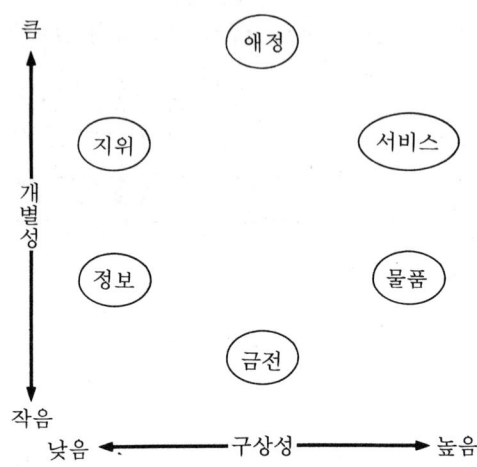

Ⅲ-2. 개별성 및 구상성(具象性)의 차원에 바탕을 둔 사회적
교환자원의 분류 (Turner 외, 1971)

즉 집단이나 조직의 일원이 됨으로써 비로소 '개인'으로서 존재
할 수 있다.

"사회 없이 개인 없고, 개인 없이 사회 없다"지만 그러한 개
인과 사회의 사이를 맺어 주고 포착할 수 있는 것이 집단이고
조직이다.

엄밀히 말하면 집단과 조직은 같은 것은 아니지만 집단을
보다 세련화시킨 것이 조직이다. 그 으뜸가는 것이 기업일 것
이다.

개인과 집단의 관계에 대해서는 명목적이기는 해도 소속되
고 있는 한 구성원의 일원으로서 꼽히는 것이 '소속집단(men-
bership group)'이다. 예컨대, 연습에도 나오지 않는가 하면 정
례회(定例會)에도 얼굴을 비치지 않는 것과 같은 유령 부원의
경우도 있을 것이고 몇년도에 졸업했는지도 모르는 동창회원
의 경우이기도 하다.

집단으로서는 회비만 제대로 내주기만 하면 모임에 출석하든 하지 않든 관계가 없다. 개인으로서도 회비만 내면 여러 가지 번거로움을 면할 수 있게라도 된다면 '감지덕지'다. 이러한 관계는 세금은 내고 있어도(징수당하고 있어도) 그 사용 용도에는 전혀 관심을 보이지 않는 국민과 같을 것이다. 당연한 것이지만 그러한 그들에게는 정치를 비판할 자격이 없다.

한편 특정 집단의 정식 구성원은 아니더라도 그들을 동경하여 뒤쫓고 있는 것과 같은 경우에는 그 집단이 당사자로서의 '준거(準據)집단(reference group)'이 된다. 진짜보다도 진짜같이 행동하고 진짜보다도 이로 정연(理路整然)하고 있는 등 곁에서 보면 어느 쪽이 진짜인지 알 수 없다. 본가(本家)보다도 분가(分家)쪽이, 종주국보다 종속국쪽이 주의 주장에 관해서는 보다 엄격하고 타협을 허용하지 않는 것과 어딘가 상통되는 것이 있다.

대개의 경우 소속집단과 준거집단과는 일치하지만 미국을 동경하여 그린 카드(green card)를 입수하려고 갖은 고생을 겪고 있는 사람들에게는 미국이 준거집단으로 되어 있는 것이다. 현상(現狀)에 불만을 품고 희망을 다른 데서 추구하지 않을 수 없을 때는 소속집단과는 이질적인 형태의 집단이 '구세주'로서 사람들 앞에 나타난다. 거기서 그들은 꿈을 꾸고 꿈을 이야기하는 것이다.

제3차 종교붐이라고 불리는 오늘날의 사회상황에 대해서는 왠지모를 불안이나 장래에 대한 전망이 서기 어려움을 지적하는 설이 많지만, 이러한 소속집단과 준거집단의 괴리(乖離)로서 설명하는 것도 가능하지 않나 생각된다.

• "종말의 예언" 빗나가다 〔서울 29일＝시사통신〕

> 한국 내의 일부 그리스도 교회가 '세계 종말의 날'로 예언하고 있던 28일 밤 전국 150여개의 교회에 3000명 이상의 열렬한 신자가 모여 심야 0시에 예정된 그리스도의 재림을 기다렸으나 결국 예언은 빗나갔다. 경찰당국은 비관한 신자에 의한 집단자살 등을 우려하여 2000명의 경찰관과 구급차 등을 각 교회의 주변에 배치하고 있었으나 특별한 소동은 일어나지 않았다.
>
> (아사히 신문 1992년 10월 29일, 석간)

이러한 '종말의 예언'은 반드시 진기한 것은 아니고 역사책을 읽어보면 몇번이고 반복되어 온 일이다.

예컨대, 미국의 사회심리학자 페스팅거(Festinger, L., 1957)들은 어떤 종교단체의 '종말의 예언'의 전말을 추구함과 동시에 「인지적(認知的) 불협화 이론」(Fheory of cognitive dissonance)의 입장에서 설명을 시도하였다.

그들이 채택한 것은 우주에 사는 수많은 수호신(守護神)으로부터의 신탁(神託)을 받은 한 사람의 부인(교조, 敎祖)을 중심으로 형성된 25~30명의 종교단체였다. 이 단체가 각광을 받게 된 것은 교조가 "대홍수(大洪水)가 일어나서 지구가 멸망한다"라는 메시지를 받은 것이고 신자들에게는 은밀히 "선택된 자로서 하늘을 날으는 원반(圓盤)에 의해서 구원된다"는 것이 전해진 것이다.

또한 운명의 날이 다가올 때까지는 될 수 있는대로 신자 이외의 사람들과의 접촉을 피하고 은밀히 마음의 준비를 하고 조용히 그 날을 기다리도록 전해졌다.

그러나 이윽고 다가온 운명의 날은 예언에 반해서 아무 일

도 없이 지나가 버렸다. 추운 날씨에 몇시간이나 기다렸던 신
자들에게 전해진 것은 "우리들의 신앙이 돈독하여 신이 지구
의 멸망을 유예하셨다"라는 교조의 말이었다.

이때 이래로 신자들은 그때까지의 태도를 일변시켜 적극적
으로 포교활동에 나섰다.

페스팅거 들은 이러한 신자들의 행동에 대해서 "예언이 부
정되었다는 사실은 자기들의 신앙과는 서로 맞지 않는 것이고
그 결과로서 생긴 불협화(dissonance)를 경감시키기 위해 새로
이 포교활동에 매진한 것이다"라고 설명한다. 즉, 포교활동을
통해서 스스로의 신앙이 올바르다는 것을 자기 자신에게 납득
시키려고 한 것이다.

이러한 것으로부터 "인간은 합리적인 동물이 아니고 합리화
하는 동물이다"라고도 야유된다.

2. 공식적인 관계, 비공식적인 관계

기다 미노루(1967)는 명저 『일본부락』(이와나미 신서) 안에
서 "한 사람이 몇사람을 보살필 수 있는가"하고 일을 맡아 돌
보는 사람에게 묻고 있는데, 그에 대한 회답은 10명 정도(그의
기술로는 일을 맡아 돌보는 사람 1명이 보살필 수 있는 것은
열 집 정도)였다.

이것을 초과하는 인원수가 되면 만족스럽게 보살필 수 없게
되어 말을 듣지 않는 자가 증가해서 마무리가 나빠지고 최종
적으로는 한패끼리 싸움이 일어나 분열이 생겨버린다는 것이
다.

정계에서는 파벌의 폐해가 알려진 지 오래지만 조금도 해소

의 조짐은 보이지 않는다. 오히려 '수의 논리'가 선행하여 각 파벌은 세력의 확대에 부심해 왔다. 특히 다나카(田中)·다케시다(竹下)파로 이어지는 자민당(自民黨)의 최대 파벌은 '1강 5약'이라고도 소문이 난 힘을 갖고 당대의 정권의 운명을 좌우해 왔다. 근년에 그 주름살이 나타난 것인지, 그렇지 않으면 수의 무게에 견딜 수 없었던 것인지 두 파로 분열해 버린 것이다. 게다가 1993년 6월에는 자민당 그 자체까지도 분열해 버렸다.

파벌처럼 정치권력과 결부되지 않아도 사람들이 모이는 곳에 반드시 몇개가의 그룹이 만들어진다. 동창회나 반창회, 서클의 정례 모임 등이 끝난 뒤 참석자는 삼삼 오오 어디론가 자취를 감춰버린다. 결코 참석자 전원이 2차모임으로 이동하는 일은 없다.

개중에는 볼 일이 있는 사람이나 귀가를 서두르는 사람도 있지만 공식적인 행사가 끝난 뒤에는 '마음이 맞는 동료와 함께'가 본심이 아닐까. 엄밀히 말하면 동창회나 반창회, 서클 등은 관청이나 기업과는 달라서 '공식 집단(formal group)'의 범주에는 들어가지 않지만 그럼에도 그 내부에는 '비공식 집단(informal guoup)'이나 사이좋은 친구 그룹이 만들어진다.

공식 집단과 비공식 집단의 차이는 조직의 논리를 중요시하는가 개인의 자유를 선택하는가의 대립이고, 전자에서는 아무래도 규칙이나 규율, 관리라는 것이 강조된다.

예컨대, 동창회로부터 '모교의 100주년 기념의 기부금을 부탁합니다'라는 의뢰서가 날라 들어온 경우 "네 알았습니다"라고 두말 없이 승낙하는 사람은 적다. 우선은 친한 친구들이 어떻게 하는지를 확인한 후에 회신을 하게 된다. '천하(天下)와 국가(國家)'라고 하는 대의명분보다도 더 가까운 곳에서 사물은 결정되고 있는 것이다. '어떤 일도 결국은 인간관계'라고 일컬어지는 까닭이다.

그러면 친한 친구란 도대체 몇사람 정도일까. "당신이 친구라고 부를 수 있는 사람은 몇 명입니까"라고 질문하면 '○○명'이라는 대답이 나올 것이나 그것을 액면대로 받아들일 수는 없다.

사람에 따라서 '친구'의 정의가 다르기 때문이다. '마음의 벗'도 있는가 하면 '참된 벗'도 있다. 그 결과 인원수에도 큰 편차가 생겨 단순하게 평균을 낼 수는 없게 된다. 우선은 '친구'에 대한 정의 부여가 필요해진다. 한 예로서 연하장을 보내는 상대를 '친구'라고 정의한다면 1인당 11∼30명 정도가 된다. 이것은 만년필회사인 파일롯이 비즈니스맨이나 OL을 상대로 실시한 앙케이트 조사의 결과로, 그것에 따르면 연하장을 보내는 상대는 회사관계보다 친구, 지인(知人)이 압도적으로 많고 "의리 보다는 개인적인 교제의 특별한 의미가 강하게 나타나 있다"라는 것이다(마이니치 신문, 1992년 12월 2일, 조간).

그러나 이 11∼30명이라는 숫자도 사람에 따라서 '친구와 마음의 벗 또는 참된 벗', '친구와 벗, 지인'의 구별이 같지는 않다는 것 때문에 의심하기 시작하면 끝이 없다. "없는 것보다는 낫다"이지만 이 종류의 수치를 얻기 위해서는 그나름의 연구가 필요하다.

미쓰이 히로다카(1982)는 대학의 연구실에 있어서의 인간관계에 착안하여 1명의 연구실원의 행동기록(간단한 메모)을 소재로 해서 친구집단(인포멀 그룹)의 실태를 해명하기로 하였다. 즉, 대학의 연구실을 하나의 집단(조직)으로 본 경우 거기에는 교수, 조교수, 강사, 조수라는 스탭과 대학원생, 학부생이라는 사회적 지위나 역할을 달리하는 사람들이 모여 있고 다시금 선배, 동배, 후배라고 하는 입학년차에 바탕을 둔 서열을 찾아낼 수 있다. 또한 전체로서의 인원수가 많은 일도 있어 연구실 내부에는 가지각색의 결합을 사이에 둔 인간관계가 형성되어 있는 것이다.

구체적으로는 이 남성은 독신의 대학 조수였다는 것 때문에 대학원생이나 학부생과 소탈하게 어울렸고 그러한 교제 속에서 친목회, 술집, 하숙에서의 모임이라고 하는 비공식적(informal)인 집단 행동을 골라내어 그때의 멤버 이름 및 인원수 등을 체크하였다. 문제는 메모의 성격인데, 이 메모는 당초부터 이러한 이용을 의도해서 작성한 것이 아니기 때문에 기록에 있어서의 꾸밈이나 변형은 적을 것으로 생각된다.

그 결과에 따르면

① 집단의 크기(group size)에 대해서는 (493예의 분석) 당사자를 포함한 2인 집단이 전체 사례의 37.3%를 차지하고, 3인 집단이 27.0%, 4인 집단이 16.8%, 5인 집단이 7,1%, 6인집단이 4.7%, 7인 이상의 집단이 7.1%로 되어 있었다는 것

(괄호 내는 사례수)

	술집	끽다점	하숙
2인 집단	21.5% (38)	40.3% (23)	55.6% (25)
3인 집단	30.5% (54)	28.1% (16)	24.4% (11)
4인 집단	20.9% (37)	14.0% (8)	17.8% (8)
5인 집단	12.4% (22)	3.5% (2)	2.2% (1)
6인 집단	7.9% (14)	8.8% (5)	—
7인 집단	6.8% (12)	5.3% (3)	—
합 계	100.0%(177)	100.0% (57)	100.0% (45)

Ⅲ-3. 행동 장면에서 본 집단 인원수 (미쓰이, 1982))

② 행동 장면과의 관련에 있어서는 장면(상황)이 사적(私的)인 특별한 의미를 가짐에 따라 그룹 인원수에 감소를 보였다는 것

③ 친구 그룹은 적은 인원수의 고정된 멤버를 중심으로 하는 끈끈한 인간관계를 배경으로 해서 형성되어 있다는 것이다(Ⅲ-3).

테이터로서의 제약은 있지만 친구 그룹은 인원수로 보는 한 5명 정도가 그 상한으로 생각된다.

한편 미국의 사회심리학자 베이크만과 베크(Bakeman, R. & Beck, S., 1974)는 일상의 장면에서 흔히 관찰되는 집단행동을 골라내어 그때의 인원수를 체크하기로 하였다.

이러한 장소에서는 사람들은 서로 마음이 맞는 사람끼리 행동을 함께 할 것이고 마음이 맞는 인간의 인원수는 저절로 최적 인원수에 가까운 것으로 될 것이라고 생각한 것이다. 관찰 장면으로는 학생식당, 그룹 학습실, 끽다점(다방), 텔레비전 드라마에 나오는 생활 장면 등이 채택되었다.

그 결과에 따르면 집단의 평균 크기는 2.56으로 상당히 작았다(Ⅲ-4).

관찰 장면	관찰 수	집단 크기	평균치
학 생 식 당	776	2~8	2.96
그 룹 학 습 실	328	2~5	2.17
끽 다 점	508	2~13	2.53
쇼 핑	1241	2~12	2.45
시 민 풀	254	2~8	2.63
텔레비전드라마	152	2~4	2.30

Ⅲ-4. 일상생활 장면에서 관찰되는 인포멀 그룹의 크기
(Bakeman & Beck, 1974)

3. 개인의 논리, 조직의 논리

마음이 맞는 동료들과 언제까지나 함께 일을 할 수 있는 것만큼 즐거운 것은 없다. 그러나 그것이 뜻대로 되지 않는 일도 있다. 샐러리맨이면 전근이나 파견, 프로야구 선수라면 본인의 의사에 관계없이 트레이드(trade)되어버린다. 거부하면 은퇴하는 길밖에 없다. 일본과 비교해서 미국은 인정미가 없고 만사 합리적이다. 그러한 트레이드는 당사자에게 어떠한 영향을 미치는 것일까.

• 칸세코 전격 트레이드 [뉴욕 31일＝교도통신]

　미국의 대 리그인 아슬레틱스의 주포(主砲) 호세 칸세코 외야수(28)가 31일 레인져스에 전격적으로 트레이드되었다. 레인져스는 루벤 쉘러 외야수(26), 보비 위트 투수(28), 제프 러셀 투수(30)의 주력 3명과 금전을 대상(代償)으로 하는 1 대 3의 대형 트레이드가 되었다.

　칸세코는 1988년 42개 홈런, 124타점으로 2관왕을 획득. 40개 홈런, 40도루를 사상 처음으로 동일 시즌에 달성하여 최우수 선수(MVP)로 뽑혔다. 작년에도 44개 홈런으로 필더(타이거스)와 홈런왕을 나누어 갖는 등 현재의 미국 대리그를 대표하는 장거리 타자. 이번 시즌은 아슬레틱스와 체결한 5년계약(총액 2,350만 달러)의 2년째. 그러나 칸세코는 31일 본거지 오클랜드에서의 오리올즈전의 1회의 공격에서 다음 타자석에 있다가 호출되어 트레이드를 통고 받았다…….

(아사히 신문, 1992년 9월 2일, 조간)

미국의 사회심리학자 잭슨 등(Jackson, J. M., et al., 1988)은 대 리그의 선수를 대상으로 하여 트레이드된 것이 그들의 타격 성적에 어떠한 영향을 미치는가를 분석하였다. 투수의 경우는 본인의 실력 이외의 여러 가지 요인이 들어가기 때문에 제외하기로 하고(예컨대, 공을 잘 던져도 패배하는 투수가 된다) 59명의 데이터를 수집하였다(1964~1981년의 데이터를 분석).

구체적으로는 프로야구의 공식기록을 바탕으로 하여

① 시즌중에 트레이드 되었으나 ② 그 시즌에 앞선 3년간에 75타석 이상의 출장(出場) 기록이 있고, ③ 트레이드된 시즌은 먼저 팀과 새로운 팀을 합쳐서 75타석 이상의 출장 기록이 있으며, ④ 트레이드된 다음 해도 또 75타석 이상의 출장 기록이 있는 자를 골라 낸 것이다. 타격 성적으로서는 ㉮ 타율과 ㉯ 장타율이 채용되었다.

분석 결과 ① 트레이드는 플러스로 작용하지만 그 효과는

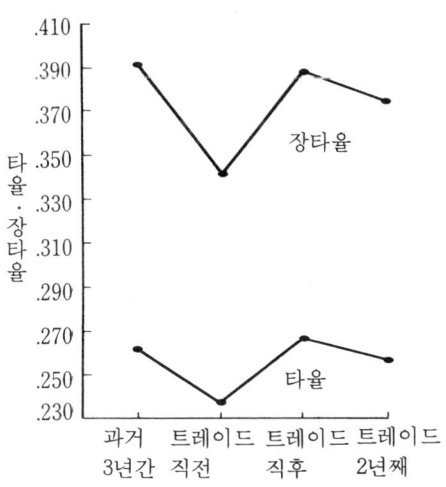

Ⅲ-5. **트레이드의 효과**(Jackson 외, 1988)

오래 지속되지 못하고 다음 연도에는 트레이드 전의 상태로 되돌아간다는 것, ② 이 트레이드 2년째의 실적이 떨어지는 것은 베테랑 선수보다 젊은 선수에게 현저하다는 것을 보였다 (Ⅲ-5).

이 결과를 단순히 일반화할 수는 없으나 매너리즘에서 빠져 나와 새로운 캐리어를 추구하려 하는 경우 동료집단과의 이별도 선택지(肢)의 하나이다.

또한 이 점에 대해서 미국의 사회심리학자 도오와 라이츠만 (Deaux, K. & Wrightsman, L, S., 1984)은 개인(구성원)과 집단과의 관계 변천을 시간의 흐름을 가로축으로 하여 다음과 같이 설명하고 있다(Ⅲ-6).

(1) 탐색의 시기……신학기에 클럽이나 서클의 가입을 권유할 때 볼 수 있는 것처럼 장래의 구성원은 어느 클럽(서클)이 자기의 요구를 만족시켜 주는 것인가, 그러한 활동에

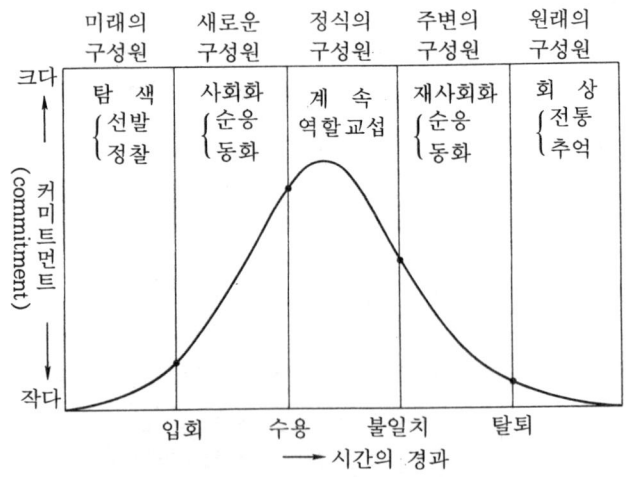

Ⅲ-6. **집단발달의 과정**(Deaux & Wrightsman, 1984)

어느 정도의 시간을 할애하지 않으면 안되는가를 생각하면
서 집단에 접근한다. 집단쪽도 또한 자기들의 목적에 찬동
하여 함께 해줄만한 자를 구성원으로 맞이하려 한다.

(2) 사회화의 시기……개인과 집단이 서로 상대방에게 무엇
을 요구하고 있는가를 밝혀서 그 조정을 꾀한다. 집단은 개
인(구성원)에게 자기들의 사고방식, 하는 방법을 전하고 개
인은 스스로의 요구가 충족되기 쉽도록 집단의 하는 방법
을 바꾸려고 한다. 때로는 견습기간이 설정되거나 신입사원
을 대상으로 한 연수가 행해지거나 한다.

(3) 계속의 시기……여기서는 역할 교섭(role negotiation)이
행해진다. 구성원은 집단 내에서의 스스로의 위치 부여를
보다 명확한 것으로 하려 한다. 집단은 구성원의 능력, 공
헌도를 사정하여 그 평가에 따라 집단내의 포스트(post)를
마련한다.

(4) 재사회화의 시기……구성원의 요구와 집단이 기대하는
것과의 불일치가 표면화되면 그 원인을 규명하기 위한 노
력이 이루어진다. 또 양자 사이에서의 관계 수복(修復)이
시도되고 그것이 성공하면 구성원은 집단에 복귀한다. 수복
불가능이 되면 탈퇴라는 것이 된다.

(5) 회상의 시기……탈퇴 후 얼마동안 원래의 구성원은 집단
에 대한 회상에 잠긴다. 집단쪽은 "그는 그때 이렇게 했다"
라는 형태로 그의 이름을 기록에 남겨서 재차 같은 일이
생겼을 때의 전례로 삼는다.

사람들이 일생을 통하여 무언가의 관계를 갖는 집단이나 조
직은 상당한 수에 이르지만 그 관계는 일정불변의 것은 아니
고 항상 양자의 상호작용에 따라서 변화하고 있다.

집단이나 조직과 관계하는 방법은 일방적인 불신으로는 곤란하나 지나친 기대(생각에 잠김)도 바람직스럽지 않다. 적당한 거리감을 유지하는 것이 필요하다.

Ⅳ. 모두가 룰에 묶여 있다

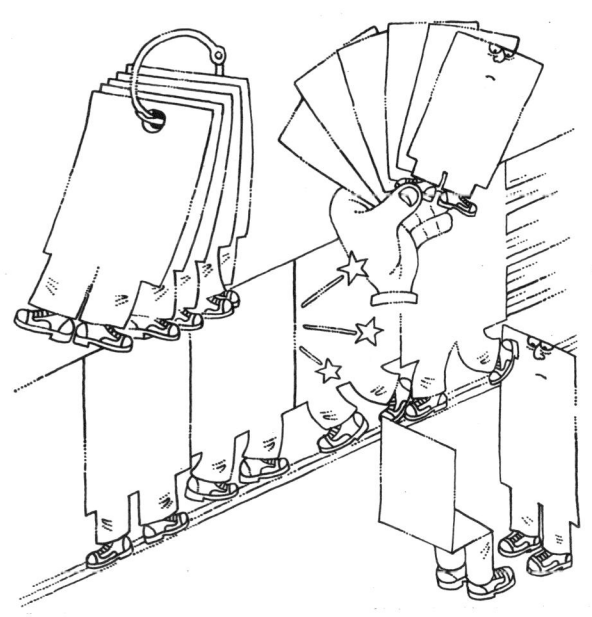

1. 사회로부터는 도망칠 수 없다

'개인과 사회의 대립'. 이것은 오래되고도 새로운 문제이지만 이 사회는 때로는 집단이나 조직이 되거나 가족이 되거나 한다.

아무튼 자기의 생각대로 세상사가 진전되지 않을 때에는 그러한 것의 존재를 강하게 의식하게 된다. "저쪽을 세우면 이쪽이 서지 않는다. 아무튼 이 세상은 살기 힘들다"라고 무심코 탄식 타령이 나와버린다. 아무리 불만이 있어도 마음대로 사회와 결별할 수 없는 것이 골치거리다.

외국으로 도피하든 마을에서 떨어진 장소에서 살든 국적이나 주민등록표는 뒤쫓아 온다. 끊임없이 "사회의 일원이다"라는 확인이 요구되고 그것에 응하지 않으면 사회적으로 말살되어 버린다. 이와 같이 사회는 개인에 대해서 불문 곡직하는 강력한 존재이지만 새삼스레 "사회란 무엇입니까"라는 질문을 받고 보면 대답이 궁해진다. 개인과는 틀려서 "이것이 사회라는 것입니다"라고 가리킬 수 없기 때문이다. 그렇다면 모습을 보이지 않는 상대방을 어떻게 해서 추궁하는 것인가, 이것이 사회심리학의 연구과제이다. 한 가지 사고방식은 '사회적(social)이라 불리는 것'이 강하게 반영되어 있는 사상(事象)을 채택하여 거기에 공통되는 에센스(essence)를 추출하는 것이다. 예컨대 법률, 관습, 법도, 상식, 예의범절이라고 하는 것이고 이 것들은 또한 넓은 의미에서의 '사회적 룰(social rule)'을 구성하고 있는 것이다.

이러한 것은 구성원간의 다툼이나 대립을 미연에 방지하고 만일의 경우에는 그 조정, 해결을 의도한 것이다. 만일 그것에 따르지 않으면 벌이나 제재를 가함으로써 사회질서의 유지, 안정의 일익을 담당하고 있는 것이다.

젊은이들이 그러한 것에 반발을 보이는 것은 거기에서 체제적(권력적)인 기미를 감지해버리기 때문이다(Ⅳ-1).

한마디로 사회적인 룰이라 해도 여러 가지의 것이 있다. 법률처럼 위반한 경우의 벌칙이 명문화되어 있는 것도 있는가 하면, 회갑잔치처럼 하느냐 하지 않느냐는 그때의 상황나름이라는 것도 있다. 예컨대, 제자들이 미리 알아서 할 속셈이더라도 당사자에게는 달갑잖은 친절이 되거나, 어떤 대학의 선생님처럼 역으로 자기쪽에서 "성대하게 해 주게"라고 말을 꺼내 그러한 예정이 없었던 제자들이 크게 당황하는 일도 있다.

오늘날과 같은 고령화 사회에서는 회갑이라 해도 아직 현역이고 달력상의 고비와 정년이라는 사회적인 고비와는 반드시 일치하지 않는 것이 실정이다. 얄궂게도 회갑이라는 고비를 맞아 인격이 새삼스레 거론되거나 하는 것이다.

사회적 룰을 논함에 있어서 문제가 되는 것은 그 구속력이 한결같지는 않다는 것이다. 각인각양의 해석이 성립된다고 하면 그 해석을 둘러싸고 혼란이 생기는 것은 당연하다. 법률과 같이 엄밀하게 보이는 것이라도 교묘히 빠져 나갈 길을 찾아내어 돈벌이를 하는 자도 있다. 하물며 예의, 범절, 매너에 관한 것이 되면 도대체 누가 말하는 것이 옳은지 모른다. 굳이 이의를 주장하면 그 수만큼 그나름의 방식이나 유파(流派)가 존재하게 된다(Ⅳ-2).

어떤 책에는 나이프와 포크는 이렇게 들고, 생선요리 때는 이렇게, 과일의 껍질을 벗기는 방법은……라고 적혀 있지만 익숙하지 못하므로 잘 되지 않는다. 그러나 옆자리의 미국인은 그러한 것에는 전혀 개의치 않고 나온 요리를 차례로 먹어치운다. 그렇게 보면 이 종류의 실용 서적은 도대체 누구를 위해서 쓴 것일까.

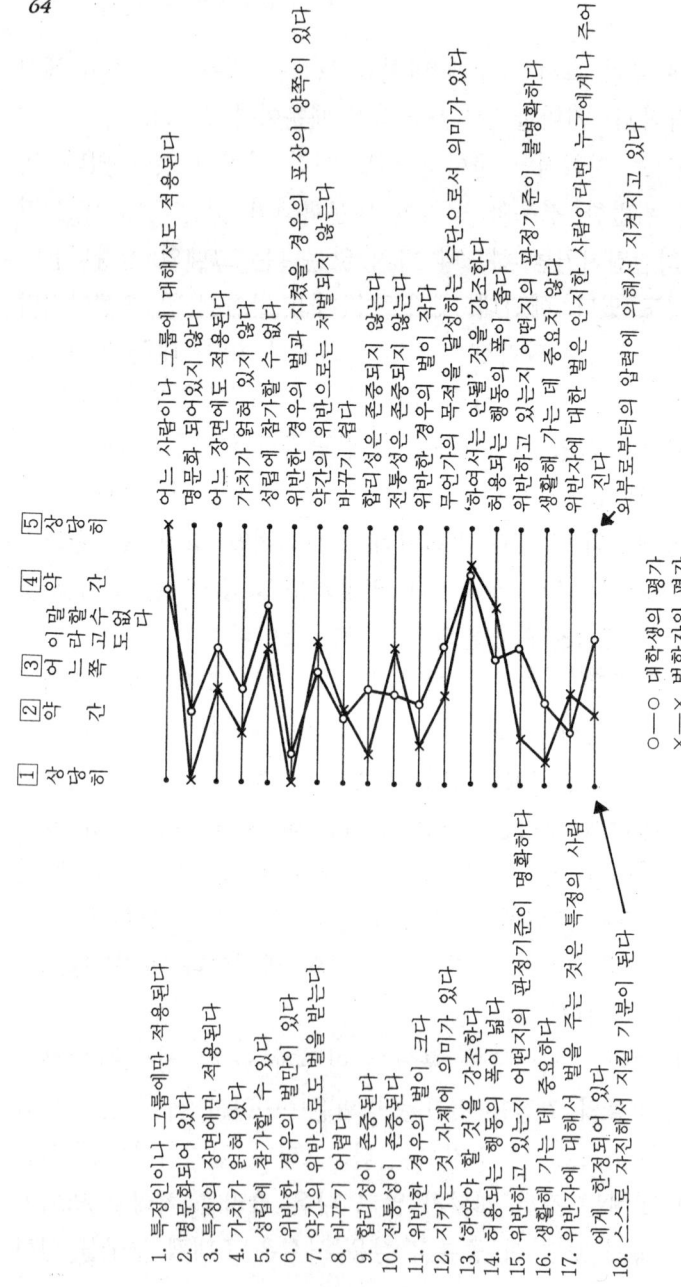

○—○ 대학생의 평가
×—× 법학자의 평가

IV-1. 개별 룰의 특성 평가 — 형법의 경우(가시타·하야시, 1991)

최근에는 전화를 둘러싼 골치거리도 많다. 밤중에 걸려온 전화가 장난 전화이거나 잘못 걸려온 전화이다 보면 화가 치밀어 잠이 잘 안온다.

전화는 거는 쪽으로서는 편리하지만 받는 쪽으로서는 일종의 흉기가 되는 일이 있다. 모든 것을 중단하고 전화가 있는 곳까지 달려가지 않으면 안되기 때문이다. 그로부터 다시 일을 시작할 때까지는 상당한 시간이 필요하다.

이러한 전화에 관한 매너의 하나로서 전화를 다시 거는 것을 생각해 보자. 전화를 건 상대방이 마침 그때 있으면 좋지만 부재중일 때는 다시 걸지 않으면 안된다. 그러한 경우에는 도대체 언제쯤 전화를 걸면 좋은 것일까.

상대방이 귀가할 무렵에 전화하는 것이 최고이겠지만 그 때를 짐작하기 어렵다. 너무 일찍 걸면 이중으로 번거롭게 할 것이고 얼마나 중요한 용건인가 걱정을 끼치게 된다. 한편 너무 늦게 걸면 "전화가 아직도 안오네"라고 상대방을 초조하게 만든다. 그때까지는 아무 일도 못하기 때문이다. 샤워를 할 수도 없고 외출할 수도 없다.

이 점에 대해서 미쓰이 히로다카(1987)는 본인이 부재중에 걸려온 전화에 대해서 아내에게 "○○시에 돌아오니까 그 무렵에 또 전화주십시오"라고 대답하도록 의뢰하고 그 어긋남의 정도를 체크하기로 하였다.

분석의 대상이 된 것은 42건 중 그날 중으로 전화가 걸려오지 않은 4건을 제외한 38건이다.

그것에 따르면 '아내가 전달한 남편의 귀가 예정시간 전'에 걸려온 전화가 10.5%(4건), '시간대로'가 18.4%(7건), '귀가 예정시간보다 늦게'가 71.1%(27건)이었다. 또 '귀가 예정시간 후'의 27건의 내역은 '10분 정도 늦음'이 51.9%(14건)로 되어 있

1. 상대방을 이름(first name)으로 불러야 한다.
2. 타인에게 자기의 감정이나 개인적 문제를 털어놓아서는 안된다.
3. 상대방과 함께 떠날 때 자기가 지불할 것을 제안해야 한다.
4. 생일 카드와 선물을 보내야 한다.
5. 상대방을 예고없이 방문해서는 안된다.
6. 상대방과 함께 있을 때 비난하는 말을 사용해서는 안된다.
7. 상대방에게 종교나 정치 이야기를 해서는 안된다.
8. 상대방에게 성이나 죽음의 문제에 대해서 이야기해서는 안된다.
9. 상대방 앞에서 자기의 노여움을 나타내서는 안된다.
10. 상대방 앞에서 자기의 괴로움이나 불안을 보여서는 안된다.
11. 상대방의 지시에 따라야 한다.
12. 사람 앞에서 상호간의 애정을 나타내서는 안된다.
13. 상대방을 만났을 때 서로 악수하여야 한다.
14. 상대방을 일부러 건드려서는 안된다.
15. 상대방에게 물질적인 원조를 요구해서는 안된다.
16. 상대방에게 개인적인 충고를 요구해서는 안된다.
17. 상대방을 사람 앞에서 비판해서는 안된다.
18. 상대방이 없는 곳에서는 그 사람을 변호해야 한다.
19. 비밀로 되어 있는 것을 상대방과 이야기를 나눠서는 안된다.
20. 상대방과 성행위에 빠져서는 안된다.
21. 가족의 경사에는 식사를 하기 위해 상대방을 손님으로서 초대해야 한다.
22. 빌린 돈이나 상대방으로부터의 신세나 호의는 비록 작다해도 갚아야 한다.
23. 상대방에게 농담을 하거나 놀리거나 해서는 안된다.
24. 상대방과 함께 있을 때는 깔끔하고 말쑥한 복장을 해야 한다.
25. 상대방에게 자기의 가장 좋은 면을 보여주도록 노력해야 한다.
26. 자기가 바라는 만큼 상대방의 시간을 얼마든지 자유로히 사용해야 한다.
27. 상대방에게 개인적인 금전문제에 대해서 이야기를 나눠서는 안된다.
28. 상대방에게는 어떠한 경우에도 따뜻한 배려를 보여야 한다.
29. 상대방에게 자기의 개인적인 예정을 연락해야 한다.
30. 성공의 기쁨은 상대방과 나누어야 한다.
31. 상대방의 프라이버시는 존중되어야 한다.
32. 이야기를 할 때는 상대방의 눈을 보아야 한다.
33. 상대방에게 상냥하게 접촉해야 한다.

Ⅳ-2. **대인관계에 있어서의 룰**(Argyle 외, 1985)

고 '20분 정도 늦음'까지를 포함하면 전체의 85.2%(23건)이었
다(Ⅳ-3).

이것을 보면 전화를 다시 거는 것에 대해서 사람들이 매너
라고 생각하고 있는 것은 '귀가 예정시간보다 늦게, 그러나 너
무 늦지 않도록(20분 이내)'이라는 정도가 아닐까.

(괄호안은 표준편차)

	시 간 전	시 간 대 로	시 간 후
사 례 수	4	7	27
평 균 편 차 (분)	14.25(6.99)		15.92(11.93)

Ⅳ-3. 지정된 시간과 실제 다시 전화를 건 시간과의 편차(미쓰이, 1987)

그런데 다음의 신문기사는 스치듯 마주 지나갈 때에 볼 수
있는 사람들의 행동에 대한 학회보고이다.

• 젊은 여성이 싫어하는? 40대 남성

젊은 여성은 40대의 남성을 기피하고 있다? 도쿄공대 이
학부의 유키시마 가즈코(幸島和子) 강사 능의 연구 그룹이
이러한 데이터를 정리하여 1일 이바라기현 쓰쿠바시에서 개
최되고 있는 일본동물행동학회에서 발표했다. 스치듯 마주
지나갈 때 여성은 홱 등을 돌리는 일이 많은 것 같아서 중
년 남성에게는 조금 마음에 걸리는 결과이다.

조사는 작년(1991년) 5월 도쿄 시부야역과 지유우가오카
(자유의 언덕)역의 구내에서 행해졌다. 역의 혼잡 속에서 다
른 사람과 스치듯 마주 지나갈 때 가슴을 돌리는지, 등을 돌
리는지 1만 예를 관찰해서 연대(추정)별, 남녀별로 집계하였
다.

그 결과 스치듯 마주 지나가는 방법은 연대에 따라 크게

다르고, 특히 40대 남성에 관한 데이터가 돌출하고 있다는 것이 판명됐다. 먼저 40대 남성의 행동을 보면 20대, 30대의 젊은 여성에 대해서는 가슴을 돌리고 스치듯 마주 지나가는 예가 등을 돌리는 경우의 2~3배로 압도적으로 많은 데 반해, 40대의 여성에 대해서는 냉담하게 등을 돌리고 스치듯 마주 지나가는 경우가 많았다.

그런데 여성의 행동은 전혀 반대이어서 40대의 남성과 스치듯 마주 지나갈 경우 10대~30대의 여성은 40% 이상이 40대 남성에게 등을 돌렸고, 가슴을 돌리고 마주 지나간 경우는 그 절반인 20%대에 머물었다. 30대 이하와 50대 이상의 남성에 대해서는 큰 차이가 없었다.

연구팀은 가슴을 돌리는 것은 '상대방을 관찰하고 싶다, 정보를 발신하고 싶다는 기분의 표현'이고 등을 돌리는 것은 '정보를 차단하고 싶다는 의사표시'이다라고 해석…….

(요미우리 신문, 1992년 12월 2일, 조간)

이러한 종류의 스치듯 마주 지나가는 행동을 규제하는 교통법규는 없지만 보행자 사이에는 '암묵의 룰'이 적용되고 있을 것이다. 그렇지 않으면 도처에서 스치듯 마주 지나가는 것에 실패하여 충돌하게 된다.

예컨대, 영국의 사회심리학자 콜렛과 마쉬(Collet, P. & Marsh P., 1974)는 횡단보도와 가까운 건물 위에서 보행자의 행동을 비디오 카메라로 촬영하여 그것을 분석하기로 했다.

그 결과 다음과 같은 것이 밝혀졌다.

① 사람들은 반대방향에서 다가오는 사람과 부디칠 것 같을 때도 결코 소리를 질러서 그것을 알리려고 하지 않는다는 것

Ⅳ-4. 남성과 여성에 있어서의 스치듯 마주 지나가는 패턴
(Collet & Marsh, 1974)

② 약간의 접촉 정도의 위험성이라면 그 순간에 몸을 돌려
비키는 등 최소 노력의 법칙에 따라 충돌을 피할 수 있다
는 것

③ 정면 충돌의 위험이 있을 때에는 습관에 따라서 우측으
로 움직이든지 어느 쪽이든 한 쪽이 주도권을 쥐고 충돌
을 피하도록 행동하는 것

④ 스치듯 마주 지나갈 때 남성은 신체 앞면을 돌리고, 여성
은 등을 돌린다는 것이다(Ⅳ-4).

이러한 남녀차(성차)의 문제는 "남자는……, 여자는……"이
라는 형태로 양자를 대비시켜서 논하여 왔다. 그러나 "왜 그러
한 차이가 생기는가"라는 설명이 되다 보면 다소 억지로 이유
를 갖다 붙이는 것같아 보인다. 예컨대, 다음과 같다.

• 공중목욕탕에서의 남녀 입욕행동 조사

공중목욕탕에서는 욕조에 들어가 있는 시간은 남녀 모두 거의 같으나 몸을 씻는 곳에 있는 시간은 여성쪽이 길다. 욕조에 들어가면 남성은 벽을 등지고 물에 잠겨 있으나 여성은 반대로 벽과 마주 보고 물에 잠겨 있는다—공중목욕탕 이용객의 이러한 입욕 행동은 와카이 마사이치(若井正一) 일본대학 조교수(건축인간공학) 등의 조사로 알았다. 11월 10일에 나고야시의 나고야공업대학에서 열리는 일본인테리어학회에서 발표되었다.

조사는 후쿠시마현 군산(郡山) 시내의 두 곳의 공중목욕탕에서 작년 11월 하순부터 약 10일간 실시되었다. 공중목욕탕이라는 장소에서 사람이 보여주는 행동과 심리를 분석하여 인테리어의 설계에 이용하려는 것이 목적이다. 일본대학 공학부 건축학과 주거환경연구실의 남녀 학생이 탈의장쪽에서 입욕객 약 120명의 행동을 관찰했다.

그 결과 욕조에 들어가 있는 시간과 몸을 씻는 시간을 합친 입욕시간(탈의시간은 불포함)은 남자가 평균 26분, 여자가 32분이었다. 욕조에 들어가 있는 시간은 남자가 7분, 여자가 6분으로 거의 같았으나 몸을 씻는 곳에 있는 시간은 여자쪽이 7분 길었다.

몸을 씻는 곳의 수도꼭지 이용상황을 관찰했는데, 욕실의 정면 안쪽에 욕조가 있고 좌우의 벽과 중앙에 수도꼭지가 붙어 있는 경우 욕조와 가장 가까운 수도꼭지를 가장 좋아하고, 그 곳에 빈자리가 없으면 출입구와 가장 가까운 좌우의 수도꼭지를 이용한다는 것처럼 서로 떨어진 곳에 앉는다. 욕실 중앙의 수도꼭지는 거의 사용되지 않았다.

욕조에 다른 손님이 없는 경우는 남자의 8할 이상이 몸을 씻는 곳을 향해서 물에 잠겨 있고, 여자의 약 절반이 배면

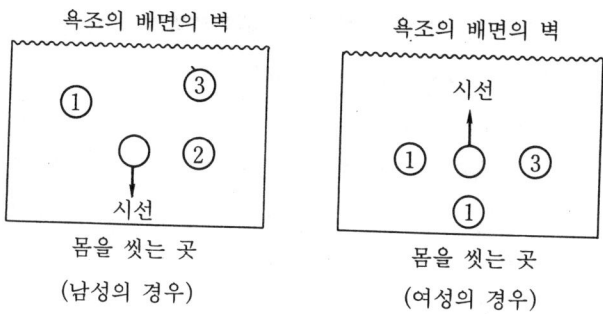

Ⅳ-5. **두 사람째의 입욕객이 좋아하는 위치.**
○는 먼저 손님, 숫자는 순위(그림은 미쓰이가 작성)

(背面)의 벽을 향해 물에 잠겨 있었다. 또 욕조에 두번째의 손님이 들어온 경우 남자는 먼저 손님의 오른쪽 비스듬히 뒤에서 물에 잠겨 있는 사람이 가장 많고(29%), 다음으로 왼쪽 바로 옆(26%), 왼쪽 비스듬히 뒤(19%)의 순이다. 여자의 경우는 바로 뒤와 왼쪽 바로 옆이 40%씩이다. 다음이 오른쪽 바로 옆이 20%였다(Ⅳ-5).

와카이 조교수는 "이번의 조사는 사람과 사람의 관계로 압축했다. 대강의 경향은 나왔다고 생각한다. 불특정 다수가 알몸이라는 무방비의 상태가 되면 남성은 세력권 의식에서 인지 다른 사람을 매우 강하게 의식한다. 여성은 모르는 사이끼리도 협조성이 있는 것 같다"라고 분석하고 있다.

(마이니치 신문, 1991년 11월 1일, 조간)

2. 전차 안의 인간관계

아침 러시 아워때의 플랫폼은 바로 사람의 물결이다. 다음에서 다음으로 큰 물결, 작은 물결이 밀어닥친다. 섣불리 역행하면 저리 부딪치고 이리 찔리고 끝판에 가서는 야단을 맞는다. 모두가 살기 등등하고 전차를 놓칠세라 필사적이다.

시골에서 올라온 사람이나 노인들은 그 무서운 기세에 압도되어 허둥대는 동안에 전차를 놓쳐버린다. 이러한 광경을 보고 "뭐라고 해도 일본은 아시아의 나라인거야"라고 외국에서 살다가 귀국한 사람은 혼자서 속단한다.

그러나 이렇게 떠들썩해도 제3자가 염려할만큼 혼란스러운 것은 아니다. 오히려 트러블이 적은 것을 보면 그나름의 질서가 유지되고 있는 것이다. '무질서속의 질서'라고나 할까.

도쿄는 어디를 가나 사람이 많고 "일본에서 대도시라고 부를 수 있는 것은 도쿄뿐이지 않는가"라고 이야기를 하기도 한다. 그러한 대도시에 특유한 인간관계를 관찰할 수 있는 것은 전차 속이다. 거기서는 낯선 사람이 바로 옆자리에 앉아 한마디도 주고 받지 않고 일어서서 사라진다. 또 차 안이 혼잡해지면 자기가 앉아있는 앞에 전혀 모르는 사람이 서 있거나 한다. 때로는 가슴이 철렁하는 일도 있으나 모르는 체 하고 자기의 세계에 몰두한다. 전차 안에서는 "당신은 누구입니까"라는 질문을 받는 일은 없다. 말하자면 익명의 사람으로 지낼 수 있는 드문 장소이다.

물론 이러한 장소에서도 룰은 존재한다. "혼잣말을 하거나 노래를 부르거나 하지 않는다"라든가 "무턱대고 다른 사람에게 말을 걸거나 응시하거나 하지 않는다"는 것이다. 다른 사람에게 공포감이나 불쾌감을 주지 않도록 하는 것은 당연하다 하여도 사회적인 관계도 또한 요구해서는 안되는 것이다. 말하자면 타인 사이의 관계를 지키는 것이 대전제이다.

차 안에서 다른 승객과 눈이 마주쳐 당황하거나 하는 것은 이 대전제를 뒤집을지도 모르기 때문이다. "보고도 못본 척하는"것도 매너의 하나이다.

한편 차 안에서의 관심사는 좌석의 확보이다. 승차시간이 길어지면 그만큼 앉아 가는 것과 서서 가는 것과는 큰 차이가 있다. 앉아 있으면 잠을 잘 수도 있고 책이나 신문을 읽을 수도 있다. 그 때문에 시발역에서는 다음의 전차를 기다려서 몇 줄이나 되는 행렬이 생기게 된다. 모르는 사람은 어디가 선두인지 헷갈린다.

또한 이렇게 해서 확보한 좌석인 이상 그렇게 간단히 자리를 내줄 수는 없다. "도회지의 사람은 인정미가 없어서"라고 비난해 보았자 달리 방법이 없는 것이다.

그런데 좌석을 둘러싸고 다음과 같은 룰을 찾아볼 수 있다.

① 선착순…전차의 승강구 부근에 행렬이 생기고 선두부터 순번으로 승차한다.

② 착석권…서 있는 승객에게 적용되는 것이고 앉아 있는 사람이 하차한 경우 그 앞에 서 있는 사람에게 우선적으로 앉을 권리가 주어진다.

③ 우선권…노인이나 장해자, 임산부 등에게 적용되는 룰이다. 실버 시트(silver seat)가 이에 해당한다.

이 중에서 아무튼 말썽이 생기기 쉬운 것이 실버 시트이다. 그 대부분은 젊은이나 학생이 그곳을 점령해버려 노인이 다가서도 양보할 기미를 보이지 않는다든가 3인석에 커다란 짐을 놓아 점령하고 있다는 것이 원인이다.

많은 경우 그 잘못은 젊은이에게 있다고 생각되지만 이 문제의 번거로운 점은 실버 시트가 노인이나 장해자를 위한 전용석은 아니라는 것이다. 모두가 신사이고 양식을 분간하고 있으면 문제는 적지만 이것은 희망사항에 지나지 않는다. 당사자의 자유재량의 여지가 커지면 그만큼 망설임의 차이나 상황 인식의 차이에 따른 트러블도 많아진다.

선착순은 'first come, first served'를 의미하는 것이지만 반드시 만국 공통의 행동원리는 아닌 것 같다. '줄을 선다'라는 행위에는 '룰의 준수' '다른 사람의 권리의 존중'이라는 시민도덕의 뒷받침이 불가결해지기 때문이다.

약간 구문(舊聞)에 속하지만 나카네 치에(中根千枝)는 그의 저서 『미개의 얼굴, 문명의 얼굴』(中央公論社, 1959년) 속에서 "영국인은 별로 붐비지도 않고 줄을 설 필요성이 전혀 없을 때도 2인 이상이 되면 모두 줄을 서는 습성을 갖고 있다……파리에서는 여간해서 사람들이 줄을 설 수 없다. 모두 자유를 사랑해서 서고싶은 곳에 선다……"라고 촌평을 싣고 있다.

일본에서도 줄을 서는 것에 관해서는 도쿄와 오사카에서 차이를 볼 수 있는 것 같다.

마지막은 앉아 있는 사람과 서 있는 사람과의 사이에 적용되는 '좌석 교체의 룰'이다.

구체적으로 이 상황을 설명하고 있는 것이 다음의 투서이다.

전차 안에서 뻔뻔스러운 것은 중년의 여성이라고 흔히 말을 하지만 뻔뻔스러운 아저씨도 많아요. 좌석이 가득 찼을 때 나는 "이 사람이 빨리 내릴 것 같다"라고 눈독을 들이고 그 사람 앞에 선다. 과연 그 사람이 자리를 일어섰다……. 그때 옆쪽에서 교묘하게 끼어들어 자리를 빼앗는 것이 중년의 아저씨다. 내가 당한 것도 한두 번이 아니다. "바보인가. 앞에 서 있다고 하는 것은 내가 다음에 앉을 권리를 갖고 있다는 암묵의 룰"이라고 마음 속으로 화를 내도 결국 뻔뻔스런 놈의 승리〔나바리(名張)시 YK생. 석간 후지(富士), 1984년 12월 19일〕.

반대로 앞에 앉아있던 사람이 읽고 있던 책을 덮거나 "지금은 어느 역인가"라고 창밖을 보거나 하면 틀림없이 곧 내릴 것으로 생각해버린다. 그렇지 않을 경우 공연히 부아가 난다. "내릴 작정이 아니면 알쏭달쏭한 짓은 하지 말어"라는 기분도 생긴다. 모르는 일이라고는 하지만 전차 안은 살기를 띠고 있다.

그런데 이 종류의 룰에 대해서 미쓰이 히로다카(1983)는 다음과 같은 연구를 행하였다.

통근시간에 승객의 오르내림이 많아지는 소정의 구간을 대상으로 하여 [케이힌 도호쿠(京浜東北)선의 기다우라와(北浦和)→미나미우라와(南浦和) 사이, 야마테(山手)선의 이케부쿠로(池袋)→신주쿠(新宿) 사이] 그때까지 앉아 있었던 사람이 하차한 경우 앉을 수 있었는지 어떤지를 체크하였다.

다만 피험자(被驗者)의 선정에 있어서는 당사자가 앉을 의사가 있을 것이 전제조건으로 되기 때문에 조건의 통일성을 도모하기 위해 관찰자 자신이 실험자를 겸하기로 했다(Ⅳ-6).

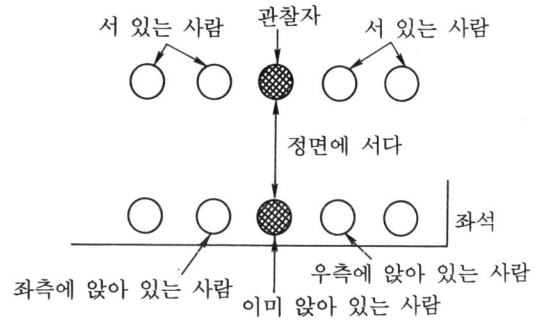

Ⅳ-6. 관찰 장면(미쓰이, 1983)

그에 따르면 '이미 앉아있는 사람의 정면에 설 수' 있었던 195
개의 사례 중에서 실제로 '앉을 수' 있었던 것은 184개의 사례
(94.4%)였다(Ⅳ-7).

앉을 수 있었던 경우(N=263)		앉을 수 없었던 경우(N=158)		
정면이 하 차	좌우가 하 차	하 차 없 음	정면이 하 차	좌우가 하 차
184	79	75	11	72
(70.0)	(30.0)	(47.5)	(7.0)	(45.5)

숫자는 사례수, 괄호 안은 퍼센트를 가리킨다.

Ⅳ-7. 좌석 교대의 룰(미쓰이, 1983)

그러면 "앉아있던 사람이 하차한 경우 그 앞(정면)에 서 있
던 사람이 앉는다"라는 룰을 무시하고 하차하는 사람이 그 자
리를 다른 사람에게 물려주는 것 같은 행위를 보인 경우 정면
에 서 있는 사람은 어떤 반응을 보일까. 이 실험은 이토 히로
유키(1984)가 「전차 안에서의 착석을 저지하는 조건」이라고
제목을 붙여서 행하였다.

실험 절차는 다음과 같다.

야마테(山手)선의 메구로역에서 다카다우마바역 사이에서
이미 앉아 있는 실험자 ①(후배 역할)의 정면에 아무 것도 모
르는 승객(10~50대의 남녀)이 섰을 때 실험이 개시되었다.

실험자 ②(선배 역할)는 피험자가 된 승객의 우측 옆으로 태
연하게 접근해서 실험자 ①과 이야기를 시작한다. 예컨대,
"여! ○○"이라든가 "선배님, 애인이 있습니까"라는 방식으로
두 사람이 아는 사이라는 것을 피험자에게 밝힌다. 전차가 신
오오쿠보 또는 겐주쿠에 접근한 시점(이것은 전차의 진행방향
으로 대응하고 있고 하나의 눈대중이다)에서 다음과 같은 실

험 조작을 도입한다.

㉮ A조건에서는 후배역이 "선배님, 저는 여기서 내리니까"
라고 말하면서 일어나고 선배역은 "그러면 내일"이라 대
답한다.

㉯ B조건에서는 후배역이 "선배님, 저는 여기서 내리니까 선
배께서 어서"라고 말하면서 일어나고 선배역은 "그러면
내일"이라 대답한다.

A, B조건의 차이점은 B조건에 있어서 "여기에 앉으십시오"
라는 뉴앙스로 "선배께서 어서"라고 말을 덧붙인 것이다. 실험
자는 3명의 남자 대학생이 맡고 교대로 선배역과 후배역을 하
기로 하였다(Ⅳ-8).

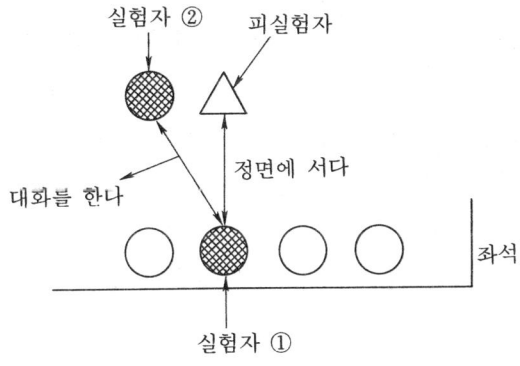

Ⅳ-8. 좌석 양도의 장면(이토, 1984)

그 결과 최종적으로 실험 상황의 설정에 이르지 않았던 경
우와 피험자가 실험자에게 "앉아도 되는가"라고 물어온 경우
(5개 사례)를 제외한 67개 사례가 분석의 대상이 되었다(A조
건 34명, B조건 33명).

다음으로 착석률을 보면 A조건에서는 73.5%, B조건에서는

48.5%였다. B조건 쪽이 착석률은 낮은 것으로 되어 있지만 거듭 상세하게 분석하면 이 차이는 피험자가 남성일 경우 발견된 것이었다(Ⅳ-9).

(숫자는 인원수)

	A 조 건		B 조 건	
	남(N=22)	여(N=12)	남(N=22)	여(N=11)
앉는다	16	9	10	6
앉지 않는다	6	3	12	5
앉을 때까지의 시간[ⓐ]	6.86초(3.12)	7.78초(4.19)	10.61초(5.96)	11.88초(4.46)

ⓐ평균과 표준편차를 가리킨다.

Ⅳ-9. 착석권을 둘러싼 실험 결과(이토, 1984)

이렇게 해서 보면 "선배님, 저는 여기서 내리니까 선배께서 어서"(B조건)의 한마디가 착석권의 행사를 주저시키는 결과가 되어 있었던 것이다. 다만, 이것은 남성의 경우이고 여성의 경우에는 그다지 효과가 없었다. "그러니까 여자는……"이라고 결론짓는 것은 성급한 것이지만 재미있는 결과이다. 또한 공공의 교통기관인 이상 누가 앉아도 상관없음에도 불구하고 때로는 생각지도 않은 한마디에 따라 그것이 양도 가능한 지정석으로 바뀌는 것도 재미있다.

이러한 실험의 방법은 실험실에서 행하는 '실험실 실험(laboratory experiment)'에 대응해서 '현장 실험(field experiment)'이라 부르고 있고, 그 이점은 사람들이 실험되고 있다는 의식을 갖고 있지 않다는 것 때문에 속마음의 부분이 밝혀지는 것이다.

그런데 이 실험에서는 실험자 ①(후배역)과 실험자 ②(선배역)는 어느 쪽도 남학생이었다는 것 때문에 그러한 성별 요인이 실험 결과에 영향을 미쳤다고도 생각할 수 있다.

물론 이 해석의 시비는 다시 실험해 보지 않으면 무어라고
말할 수 없으나 그러한 실험은 '추시 실험(replication study)'이
라 부르고 있다.

이 경우에도 추시 실험이 행해지고 있어 실험자 ①과 실험
자 ②에 대해서 각각 남녀 대학생의 조합이 설정된 것이다. 그
러나 그 결과로부터는 남녀의 차이를 찾아볼 수 없었다(Ⅳ-
10).

(숫자는 인원수)

실 험 자 ②			남 성		여 성	
피 험 자			남성	여성	남성	여성
실험자①	남 성	앉는다	13	10	15	11
		앉지 않는다	10	10	5	9
	여 성	앉는다	13	15	13	12
		앉지 않는다	7	5	8	8

(주) 이 실험은 1992년도 후기의 인간과학 연구법(실험·관찰)의 실습으로서 행
해졌다.

Ⅳ-10. 착석권을 둘러싼 추시 실험의 결과

어째서 예상한 결과를 얻을 수 없었는가, 이 점에 대해서도
여러 가지 해석이 성립될 것이다. 다음의 단계는 각각의 해석
의 시비를 검토하는 것이다. 어디까지 가도 끝이 없는 작업이
고 추시 실험의 반복이지만 이것이야말로 '학문으로서의 심리
학'의 진면목이다.

확실한 것을 말하기 위해서는 방대한 양의 뒷받침 작업이
필요해지는 것이다.

V. 남자는 남자, 여자는 여자

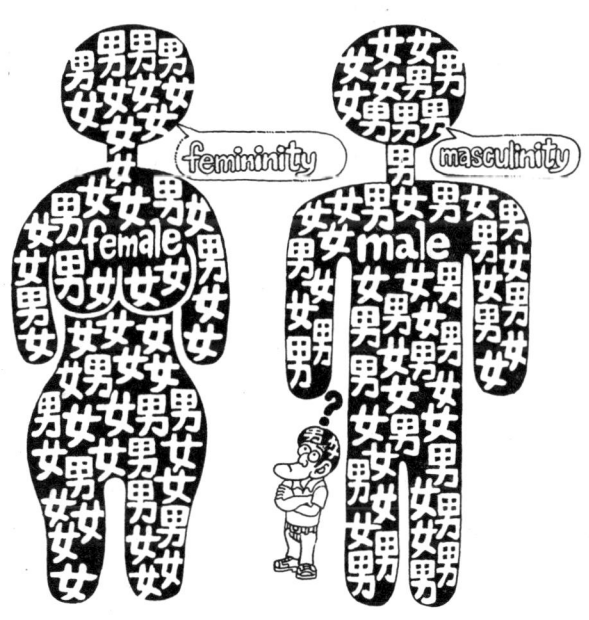

1. 미인은 유리한가

어떠한 사회에 있어서도 성(性)에 바탕을 둔 역할 분담을 찾아 볼 수 있다. 남자의 경우 한 가정을 꾸미고 가족을 부양한다. 여자의 경우 아이를 키우고 가족을 보살핀다.

어마어마하게 '성역할(sex role)'이라고 이름붙일 것까지 없이 이제까지 그렇게 해온 것이고 당연한 일이다. 아무것도 불가사의한 일이 아니다.

이러한 종류의 '자명한 것으로 되어 온 것'에 대해서 "왜 그러한가"라고 질문을 받으면 대답이 궁해진다.

일부러 꾸민듯이 "남자와 여자는 체력이 다르다", "남자는 공격적이지만 여자는 협조적이다", "남자는 논리적이지만 여자는 감정적이다"라고 말을 늘어놓아 보았자 설득력이 없다. 주위를 보면 도저히 그렇게는 생각할 수 없기 때문이다. "우리집 아버지와 어머니를 비교해 보면 아버지쪽이 요리도 잘 만들고 아이들도 잘 돌본다"라는 반론에 직면하게 되면 그 이상 무어라 말해도 소용없다.

잘 생각해 보면 남자라든가 여자라든가 하는 분류는 너무나도 엉성하다. 생물학적으로는 수컷(male)과 암컷(female)이라는 두 분류밖에 없지만 '남자다움'(masculinity), '여자다움'(femininity)이 되면 이것은 사회적인 산물(産物)이다. 남자다움, 여자다움의 특별한 의미는 사회에 따라서 달라지기 때문이다.

일본 여성으로서의 동경의 대상은 미국 여성일 것이다. 능력이 있으면 남성을 밀어 제치고 정부의 요직에 오를 수도 있다. '캐리어(경력)의 추구와 가정의 양립', 바야흐로 꿈과 같은 생활이 실현되고 있는 것이다.

실제로는 이러한 이야기는 일부 엘리트 여성에 한정된 것이
지만 그래도 일본과 비교하면 천양지차이다.

"미국과 비교하여 일본은 뒤떨어져 있다"라고 한숨을 쉬고
자기 처지의 불행을 한탄한다든지, 그렇지 않으면 '남성 사회의
타도'를 소리높이 외치든지, 대응은 둘 중의 하나이다(V-1).

그런데 이러한 그녀들의 불평, 불만도 또한 그 어머니들 연
대의 여성으로서는 꿈같은 이야기이다. 입에서 반사적으로 튀
어나오는 것은 "아이나 노인네를 돌보느라 바빠서 도저히 나
돌아 다닐 수 없었다", "내가 마음대로 쓸 수 있는 돈은 한 푼
도 없었다"라는 신세 타령뿐이다. 자유, 부자유는 상대적인 것

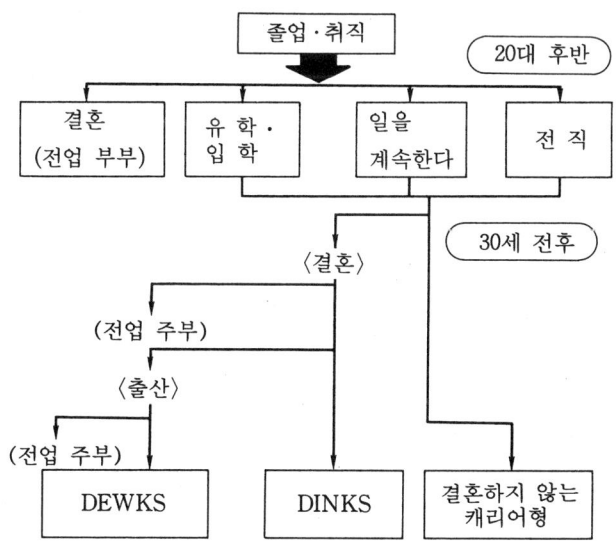

(주) DEWKS : 아이가 있는 맞벌이 세대
　　　DINKS : 아이가 없는 맞벌이 세대

V-1. 현대 여성의 일생

이고 그것이 손이 닿는 곳에 접근해 있을 때 오히려 불만이 세지는 것이다.

"아무튼 일하지 않으면 먹고 살 수 없었다"의 시대에는 남자고 여자고 없었다. 체력이나 근력의 차이는 있어도 그것은 본질적인 것은 아니고 양자의 차이를 일부러 강조하는 것은 아니었다.

그것이 일변하여 차이를 강조하게 된 것 자체가 남－녀관계의 본연의 모습이 변화해 온 것을 의미하고 있는 것이다. 또 이런 종류의 논의 목적이 "생물학적인 차이를 어디까지 일반화하는가"하는 것에 있다고 하면 이것은 어차피 문화의 문제로도 된다.

그러나 미국의 심리학자 윌리엄즈와 베스트(Williams, J. E. & Best, D. L., 1982)의 연구는 이러한 논의에 관계없이 성에 관한 스테레오타입(sex stereotype)이 얼마나 꿋꿋한가를 보여주고 있다.

구체적으로는 이문화간 연구(cross-cultural study)의 일환으로서 25개국의 대학생(남, 여)에 대해서 300개의 형용사를 제시하여 "각각의 형용사가 남녀의 어느 쪽에 들어맞는가"의 판단을 구한 것이다.

그 결과에 따르면 어느 나라의 대학생도 일치하여 '남성을 의미하는 것'으로 판단한 것은 다음의 6개였다—모험을 좋아하는(adventurous), 지배적(dominant), 힘이 있는(forceful), 독립적인(independent), 남자다운(masculine), 강한(strong)—

한편 '여성을 의미하는 것'으로 판단된 것은 다음의 3가지였다—감정적(sentimental), 고분고분한(submissive), 미신적인(superstitious)—.

또한 25개국 중 19개국 이상의 대학생이 일치하여 인정한 것은 남성에 관한 것이 49개, 여성에 관한 것이 25개였다(Ⅴ-2). 여성에 대해서보다 남성에 관한 쪽이 높은 일치율을 보인 것으로 나타났는데, 이것은 도대체 무엇을 의미하고 있는 것일까. '남성 이미지쪽이 공통성을 갖기 쉽기' 때문일 것이지만 이것 이상의 설명은 억지가 될 우려가 있다.

불명한 점은 불명으로서 해두는 것도 연구자에게는 필요한 태도이다.

마찬가지의 것을 미인(미녀)에 대해서도 말할 수 있다. '매운 여뀌를 즐겨 먹는 벌레가 있듯이' 사람의 기호는 가지각색이지만 그럼에도 불구하고 '미녀인지 아닌지'에 대한 판단의 일치율은 높다. 미국 영화의 영향인지 어떤지는 모르지만 마릴린 먼로형이라든가, 오드리 헵번형이라든가 하는 것처럼 적은 수의 타입으로 분류된다. 그러한 미녀의 존재는 본인뿐만 아니고 주위의 남성에게도 영향을 미친다. 2조의 커플이 스치듯 마주 지나갈 때 어느 커플도 상대방의 여성을 먼저 힐끗 본다는 것이다. 순간의 승부이고 그 결과는 상호간의 가슴속에 있다. "입밖에 내어 말하지 않는 편이 오히려 낫다", 쓸데없는 트러블은 피하는 것이 현명할 것이다.

미국의 사회심리학자 시갈과 랜디(Sigall, H. & Landy, H., 1973)의 실험에서는 대학생이 피험자로 되어 있어(남·녀 각 28명), 한 사람씩 실험실로 다가가면 거기에는 이미 2명의 남·녀(바람잡이)가 나란히 앉아 있었다. 남성쪽은 특별히 내세워 이러니 저러니 할 것도 없는 보통의 학생이었으나 여성쪽은 어마어마한 미인(Attractive 조건)이거나 눈에 확 띄지 않는 여자(Unattractive 조건)였다. 실험자는 피험자의 앞에서 남성이 같은 실험에 참가할 것을 확인한 다음 여성을 향해서 "당신도 실험에 협력해 주는 겁니까"라고 물었다. 커플(Associated

남성에 들어맞는 것 (N=49)

Active (23)	Adventurous (25)	Aggressive (24)
Ambitious (22)	Arrogant (20)	Assertive (20)
Autocratic (24)	Boastful (19)	Clear-thinking (21)
Coarse (21)	Confident (19)	Courageous (23)
Cruel (21)	Daring (24)	Determined (21)
Disorderly (21)	Dominant (25)	Egotistical (21)
Energetic (22)	Enterprising (24)	Forceful (25)
Hardheaded (21)	Hardhearted (21)	Humorous (19)
Independent (25)	Ingenious (19)	Initiative (21)
Inventive (22)	Lazy (21)	Logical (22)
Loud (21)	Masculine (25)	Obnoxious (19)
Opportunistic (20)	Progressive (23)	Rational (20)
Realistic (20)	Reckless (20)	Robust (24)
Rude (23)	Self-confident (21)	Serious (20)
Severe (23)	Stern (24)	Stolid (21)
Strong (25)	Unemotional (23)	Unkind (19)
Wise (23)		

여성에 들어맞는 것 (N=25)

Affected (20)	Affectionate (24)	Anxious (19)
Attractive (23)	Charming (20)	Curious (21)
Dependent (23)	Dreamy (24)	Emotional (23)
Fearful (23)	Feminine (24)	Gentle (21)
Kind (19)	Meek (19)	Mild (21)
Pleasant (19)	Sensitive (24)	Sentimental (25)
Sexy (22)	Shy (19)	Softhearted (23)
Submissive (25)	Superstitious (25)	Talkative (20)
Weak (23)		

(주) 여기에 열거한 것은 조사대상 25개국 중 19개국 이상의 일치를 본 것이다.
( )안은 일치한 나라의 수를 나타낸다.

V-2. 세계적으로 남성·여성을 의미한다고 하는 형용사
(Williams & Best, 1982)

조건)에서는 "아니요, 나는 보이 프렌드의 실험이 끝날 때까지 기다리고 있을 뿐입니다"라고 남성의 손을 잡으면서 대답하였다. 무관계(Unassociated 조건)에서는 "아니요, 나는 X박사의 실험에 참가하기로 되어 있습니다"라고 별개의 실험자 이름을 댔다. 그런 다음 실험자는 잠시 자리를 비워 피험자에게 이 남·녀의 관계를 재확인하는 시간을 준 뒤에 피험자와 또 한 사람의 남성(바람잡이)을 별실로 안내하였다.

피험자에게는 "이것은 대인지각(對人知覺)의 실험이고 실험의 진행에 따라 서로의 정보가 교환되지만 우선 첫 시작으로 상대방 남성의 첫인상을 가르쳐 주기 바란다"라고 말하면서 회답용지에 기입해 줄 것을 요구하였다.

주된 종속변수(dependent variable)는 '상대방의 남성에 대한 나의 인상은'으로 하여 9단계에서의 평정(評定)을 요구하는 것이었다.

실험 결과로부터는 ① 여성의 피험자쪽이 남성의 피험자보다도 바람잡이의 남성에 대해서 보다 호의적인 평가를 내리고 있었다는 것, ② 매력적인 여성쪽이 (Attractive 조건) 보다 호의적인 평가를 유도해 내고 있었다는 것, ③ 가장 호의적인 평가가 주어진 것은 Attractive-Associated 조건이었던 것에 반해서, 가장 부정적인 평가가 주어진 것은 Unattractive-Associatod 조건이었다(V-3).

잘 어울리는 한 쌍이라 할까, 매력적인 여성을 걸 프렌드로 하는 것은 남성 당사자로서도 바람직스런 사회적 평가로 연결되는 것이다.

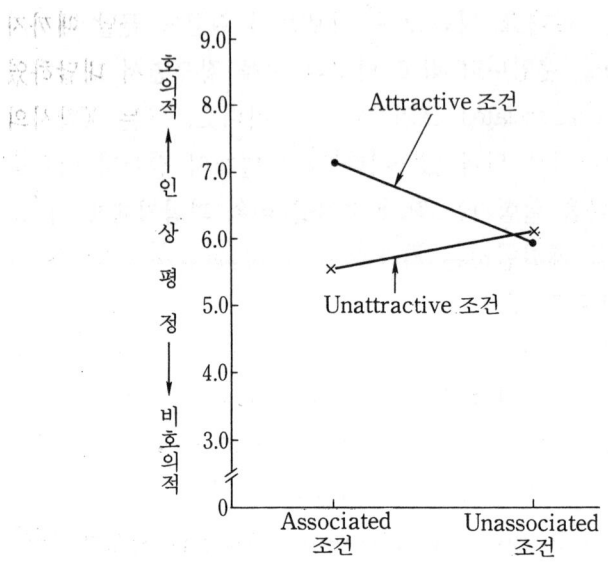

V-3. 동행(同行)의 남성에 대한 인상 평정의 결과
(Sigall & Landy, 1973)

2. 여자는 괴로워

세계에서 가장 행복한 남자는 미국의 집에서 살고 영국의 급료를 받으며, 중국의 요리를 먹고 일본인의 아내를 얻는 남자이다.

이것이 순서를 약간 옮기는 것만으로 무서운 결과가 된다. 즉, 일본의 집에서 살고 중국의 급료를 받으며, 영국의 요리를 먹고 미국인의 아내를 얻는다…….

이것은 남성이 좋아하는 농담의 하나인데, '아내'의 국적에 대해서는 당연한 일이지만 지역에 따라서 여러 가지 의견이 있다.

'일본인의 아내' 운운도 최근에는 의심스럽게 되었지만 이것은 말할 필요도 없는 일일 것이다. 다만, 문제는 '아내'라는 말에 무엇이 담겨져 있는가이다. 취사(炊事)에 세탁, 아이 보살피기 등 가족의 생활에 필요한 모든 것이 기대되고 있는 것이다. 좋게 말하면 '내조의 공', 실태는 가정부 대용이다. 이러한 남자의 제멋대로인 것에 대하여 참을 수 없는 여성이 나오는 것도 당연하다. 그것이 대통령 부인(first lady)이라도 되면 외야석(外野席)도 떠들석하게 될 것이다.

• **누가 대통령인지 잊어서는 안된다** [뉴욕 21일 = 마쓰모토 데루오]

누가 대통령인지를 잊지 말기를―. 21일 발매의 미국 뉴스위크지는 워싱턴의 저널리스트 겸 작가인 셜리 퀸의 에세이(essay)를 계재하여 '사상 최강의 퍼스트 레이디'라고 일컬어지는 힐러리 클린턴 미국 차기 대통령 부인의 '주제넘게 나서는 것'에 못을 박았다.

힐러리 부인은 각료회의에 출석할 것을 희망하고 있다고 전해지는 등, 클린턴보다 나으면 낫지 못하지 않은 재기(才氣)의 소유자라는 것은 유명하지만 퀸은 부인을 역대의 퍼스트 레이디 이상으로 매스컴이 파헤쳐 조사할 것이라고 지적했다.

부인이 가끔 클린턴과의 2인 3각의 의미에서 '우리들'이라는 말을 사용하는 것을 예로 들어 워싱턴에서 '우리들'이라는 표현은 치명적인 것이 된다고 충고했다.

또한 퀸는 각료회의에는 나가지 않는 편이 좋다고 지적하고 가령 부인이 사실상 국가를 움직이게 된다해도 "누가 대통령인지 명심하지 않으면 안된다"라고 마음의 준비에 대해 언급하고 있다.

(마이니치 신문, 1992년 12월 22일, 석간)

90

"암탉이 울면 집안이 망한다", "암탉이 권해서 수탉이 운다" (남편이 아내의 의견에 따라 움직인다). 모두 '아내의 주제넘게 나서기 잘하는 것'을 나무라는 속담이다. 이것을 여성 멸시(蔑視)라고 비판하기 전에 ㉮미국이라 할지라도 여성이 대통령이 되는 것은 어렵다는 것, ㉯대통령이라는 공직과 퍼스트 레이디와의 관계는 전자가 있음으로써 비로소 후자가 성립된다는 것, ㉰민주주의 사회에서는 선거라는 세례를 받지않은 자는 권력을 손에 넣을 수 없다는 것을 잊어서는 안되는 것이다.

'성차(sex difference)'의 문제는 옛부터 심리학의 연구 테마이다. 거기서는 동일한 과제(task)를 수행한 경우 남자와 여자 사이의 차이를 찾아 볼 수 있는가, 만일 차이를 발견했다면 그것은 무엇에 유래하는가 라는 것이 취급되어 온 것이다.

이 분야의 기본적인 문헌의 하나에는 미국의 여성심리학자 맥코비와 재클린(MacCoby, E. E & Jacklin C. N., 1974)의 저작물이 있다. 그들은 1966~73년에 걸쳐서 발표된 약 1600의 연구 논문을 검토한 결과 다음과 같은 결론을 얻었다.

① 종전에 "여자아이는 남자아이보다 사교적이다"라든가, "여자는 속기 쉽다"라고 일컬어져 왔으나 그것들의 대부분은 근거가 없다는 것

② 그러나 다음의 점에서 성차(性差)를 무시할 수 없다는 것, 즉 ㉮여자아이는 언어 능력에 있어서 우수하다는 것, ㉯남자아이는 수량을 다루는 능력에 있어서 우수하다는 것, ㉰남자아이는 시각(視覺)—공간(空間) 능력에 있어서 우수하다는 것, ㉱남자는 여자보다 공격적이라는 것이다.

당연한 것이면서도 이 결론에 대해서는 비판적인 경향도 있으나 문제는 성차를 부정하는 연구쪽이 많음에도 불구하고 성차라는 사고방식이 여전히 널리 받아 들여지고 있다는 것이다.

예컨대, 같은 논문일지라도 남자가 썼다고 하였을 때와 여자

가 썼다고 하였을 때에는 남자가 썼다는 편이 높은 평가를 얻는다는 것이다.

또한 "존(또는 앤)은 의학부 학생으로서 최우수 성적으로 졸업했다"라는 서두하에 존(남성) 또는 앤(여성)의 그 후의 인생을 예상시켰더니 존은 순풍에 돛단배처럼 성공의 길을 걸어간 것에 반해서 앤의 경우에는 비참한 종말이 예상되어 있었다라는 연구도 있다.

어느 경우도 주인공이 남성이냐 여성이냐의 차이 뿐이지만 그럼에도 이러한 반응의 차이를 볼 수 있는 것이다. 이것은 단순한 성차로 환원할 수 없는 문제이고 사람에 따라서는 정치적인 의도(남성사회에 있어서의 여성의 위치 부여)를 감지하는 것이다.

한편 요즘 흔히 듣는 말이 '젠더(gender)'이다. 사람에 따라서 정의의 방법은 다르나 일반적으로는 '남성 및 여성에게 기대되는 사회·문화적 특성'을 말하는 것이고 성(sex)이라는 말이 갖는 천성적, 운명적인 특별한 의미를 피하기 위해 중성적(neutral)인 의미로서 사용되고 있는 것이다.

사회가 새로운 남-녀관계의 본연의 모습을 모색하고 있는 것으로부터 선입관을 피하기 위해서도 손때가 묻지 않은 말이 요청된 것이다. '성차의 심리학'에서 '젠더의 심리학'으로 탈바꿈한 것도 이 때문이다.

3. 남성의 여성화, 여성의 남성화

1960년대의 미국은 케네디 대통령의 취임으로 시작하여 그 때 선거에 패배한 닉슨이 8년 후에 대통령으로 부활한다는 드라마로 막을 내리게 되었다. 대외적으로는 베트남 전쟁이 있었

고 국내에서는 인종문제가 격화되어 '대포도 버터도'라는 정치
가 드디어 파탄하였다.

1970년대에 들어가서는 페미니즘(feminism) 운동이 등장하여
이제까지 남성의 그늘에 숨어서 진지한 취급을 받지 못했던
여성의 권리를 소리높여 주장하게 되었다.

이러한 움직임은 여성 연구자의 사이에도 확산되어 먼저 임
의단체로서 'Association for Women in Psychology'가 조직화되
고, 1975년에는 미국심리학회(American Psychological Associa-
tion)의 제35부문으로서 'Psychology of Women'이 정식으로 발
족되었다.

그들은 feminist psychologist(페미니즘의 입장을 취하는 심리
학자)라고도 불리고 있고 종전의 심리학에 대해서는 "남성 중
심의 사회체제를 온존(溫存)시켜서 여성에 대한 편견을 조장
하는 역할을 수행하여 왔다"라고 비판하고 여성의 입장에서의
심리학의 필요성을 주장하였다.

이러한 것은 "연구에 이데올로기나 가치관을 갖고 들어와서
는 안된다(연구자의 가치중립성)"라는 철칙에 반기를 드는 것
으로도 된 것이다.

미국의 여성 심리학자 벰(Bem, S. L., 1974)도 그 중의 한 사
람이었고 "미국사회에서는 오랜 동안 남자다운 것, 여자다운
것이 정신적으로 건강한 남녀의 징조라고 일컬어져 왔으나 그
러한 이미지는 이미 시대에 뒤떨어진 것이다.

오히려 그렇게 구애되는 마음이 인간성의 발달을 방해하여
온 것이고 이제부터의 시대에 기대되는 인간상은 양자의 특성
을 아울러 가지는 앤드로지니(androgyny)이다"라고 선언하였다.

앤드로지니의 어원은 그리스어인 Andros=man과 Gyné=
woman에 의거한 것이고 '양성구유(兩性具有)'라고도 번역되어
있다. 벰이 문제로 한 것은 심리학적인 의미에서의 앤드로지니

(psychological androgyny)이고 생물학적 성은 아니었다. 이러한 것은 양성(兩性)의 권리의 평등을 주장하고 사회·문화적인 특성으로서의 인간의 성(human sexuality)의 문제를 논하는 젠더론자에게는 알맞은 이론적 뒷받침을 부여한 것으로 되었다.

앤드로지니에 대치(對置)되는 것은 전통적인 남성형과 여성형이고 양자의 요소를 어느 정도 아울러 가지는가에 따라서 앤드로지니인가 아닌가가 결정된 것이다.

이때의 잣대가 된 것은 벰이 작성한 성역할 검사(Bem Sex-Role Inventory, BSRI)였다. 이것은 60항목으로 구성된 자기기입식의 검사이고(내역은 남성 항목이 20개, 여성 항목이 20개, 중성 항목이 20개), 그것들이 무작위(랜덤)로 배열되어 있고 각 항목에 대해서 '그것이 어느 정도 자기에게 들어 맞는가'를 7단계로 평정하는 메커니즘으로 되어 있었다(V-4).

다음으로 이 검사에 의해서 앤드로지니라고 분류되는 것은 어느 정도의 퍼센티지가 되는지를 보면 남녀 모두 30% 전후로 되어 있었다(V-5).

이것만큼의 앤드로지니 타입이 존재한다는 것은 그들을 무시하고는 이야기를 진행시키지 못하는 것이 된다. 남녀의 사회적 평등을 주장하는 젠더론자로서는 편리한 결과이지만 아무리 생각해도 지나치게 높은 비율이다. 희소가치가 있는 것이야말로 의미가 있다. 그것이 진기하지 않다 하면 그 고마움의 정도도 희박해진다.

벰(Bem, S. L., 1975)은 또 "앤드로지니는 전통적인 남성 타입 및 여성 타입보다도 상황에 적응한 행동을 보여주고 정신면에서도 뛰어나다"는 것을 실증하려고 하였다. 예컨대, 미리 BSRI에 의해서 남녀 학생을 각각 'Masculine', 'Androgynous', 'feminine'으로 분류한 후 다음과 같은 실험을 행하였다.

남성 항목	여성 항목	중성 항목
㊾ Acts as a leader	⑪ Affectionate	(51) Adaptable
㊻ Aggressive	⑤ Cheerful	㊱ Conceited
(58) Ambitious	㊿ Childlike	⑨ Conscientious
㉒ Analytical	㉜ Compassionate	(60) Conventional
⑬ Assertive	(53) Does not use harsh language	㊺ Friendly
⑩ Athletic	㉟ Eager to sooth hurt feelings	⑮ Happy
(55) Competitive	⑳ Feminine	③ Helpful
④ Defends own beliefs	⑭ Flatterable	㊽ Inefficient
㊲ Domminant	(59) Gentle	㉔ Jealous
⑲ Forceful	㊼ Gullible	㊴ Likable
㉕ Has leadership abilities	(56) Loves children	⑥ Moody
⑦ Independent	⑰ Loyal	㉑ Reliable
(52) Indibidualistic	㉖ Sensitive to the needs of others	㉚ Secretive
㉛ Makes decisions essily	⑧ Shy	㉝ Sincere
㊵ Masculine	㊳ Soft spoken	㊷ Solemm
① Self-reliant	㉓ Sympathetic	(57) Tactful
㉞ Self-sufficient	㊹ Tender	⑫ Theatrical
⑯ Strong personality	㉙ Understanding	㉗ Truthful
㊸ Willing to take a stand	㊶ Warm	⑱ Unpredictable
㉘ Willing to take risks	② Yielding	(54) Unsystematic

(주) ○숫자는 BSRI에 있어서의 항목 번호를 가리킨다.
피험자는 각 항목이 자기에게 어느 정도 들어맞는가를 7단계로 평정한다.

V-4. **벰 성역할 검사**(Bem Sex-Role Inventory, Bem, 1974)

	스탠포드 대학		푸트힐 단기 대학	
	남 성	여 성	남 성	여 성
	(444명)	(279명)	(117명)	(77명)
전통형 여성 타입	6%	34%	9%	40%
준전통형 여성 타입	5%	20%	9%	8%
앤드로지니	34%	27%	44%	38%
준전통형 남성 타입	19%	12%	17%	7%
전통형 남성 타입	36%	8%	22%	8%

Ⅴ-5. BSRI에 의거한 피험자의 분류(Bem, 1974)

㉮ 동조성(앳슈형)의 실험으로서 미리 별도의 판정자에 의
해서 '재미 있다' 또는 '재미 없다'라고 평정된 만화를 실험
자극으로서 제시하여 피험자 이외의 3명의 바람잡이가 전
적으로 역의 판단을 보인 경우 그것에 말려들어 동조하는
지 어떤지를 체크한 것이다. 실험 가설은 "남성은 여성과
비교하여 타인의 판단에 좌우되는 일은 적기 때문에 'mas-
culine'과 'androgynous'는 'feminine'보다도 동조성 득점은 낮
아진다"라는 것이었다. 이 가설은 실험에 의해서 지지되었
다(Ⅴ-6).

㉯ "여성은 갓난아기와 강아지나 새끼 고양이를 좋아한다는

(숫자는 평균, 괄호 안은 표준편차)

	Masculine	Androgynous	Feminine
남성	15.3 (6.5)	16.8 (7.4)	22.7 (4.1)
여성	18.2 (6.7)	19.3 (6.9)	23.7 (5.0)
전체	16.8 (6.6)	18.0 (7.1)	23.2 (4.5)

동조성 실험의 전체 시행수는 92이지만 실험 조작이 행하여진 것은 36시행이다.
피험자는 각 조건군 9명.

Ⅴ-6. 36시행(試行)의 동조성 실험 결과(Bem, 1975)

(숫자는 평균, 괄호 안은 표준편차)

	Masculine	Androgynous	Feminine
남성	−0.55 (0.52)	0.06 (0.50)	0.07 (0.44)
여성	0.16 (0.72)	0.49 (1.16)	−0.24 (0.40)

(주) 표의 수치는 합성 득점을 가리킨다. 피험자는 각 조건군 11명.

V-7. 새끼 고양이와 장난치는 정도(Bem, 1975)

것으로부터 실험중에 새끼 고양이와 노는 기회가 마련되면 'feminine'과 'androgynous'는 'masculine'보다도 새끼 고양이와 장난치는 일이 많을 것이다"라는 가설을 검증하기 위해 실험 과제로서 새끼 고양이와 강제적으로 접촉하는 기회와 무엇을 해도 된다고 일러두고, 그 장소에 새끼 고양이를 둔 상황이 마련되었다. 실험 결과를 보면 남성의 경우 "masculine"은 강요되지 않는 한 새끼 고양이와 장난치려고 하지 않았지만(가설대로), 여성의 경우에는 'feminine'이 새끼 고양이와 장난치는 것이 가장 적다고 하는 가설과는 상이한 반대의 결과가 얻어진 것이다(V-7).

벰은 이 결과에 대해서 "feminine female(전통형 여성 타입)은 아무리 해도 결과가 나쁘다, 행동 레벨에 있어서 무엇인가의 결함이 있는 것은 아닌가"라는 의미를 말하고 있는 것이다.

조금 심한 느낌의 발언이지만 가설대로의 결과를 얻지 못한 경우 잣대(여기서는 BSRI)가 잘못되어 있었든가, 아니면 실험을 하는 방법이 서툴었던 것이 아닌가가 문제가 된다. 착안점이 좋아도 그것을 뒷받침하는 데이터가 없으면 아이디어뿐이고 실효가 없다.

이 앤드로지니의 문제를 생각함에 있어서 흥미있는 것은, 마찬가지로 미국의 여성심리학자 블럭(Block, J. H., 1973)의 연구

이다. 거기서는 미국, 영국, 스웨덴, 덴마크, 핀란드, 노르웨이
등 6개국의 대학생을 대상으로 하여 이상자아(理想自我, '내가
가장 되고 싶다고 생각하고 있는 인물')의 기술을 요청하여 그
비교를 시도한 것이다. 그 결과 어느 나라에서도 남녀차는 볼
수 있었지만 미국의 여학생이 그리는 자아상은 다른 나라들의
여학생이 보면 남성으로 착각할 것 같은 내용으로 되어 있었
다. 즉, 그녀들이 지향하는 방향은 페미니스트가 주장하는 앤드
로지니가 아니고 고전적 남성상이었다. 지향하는 바가 비판하
는 상대방과 닮아버리는 것은 인간사회의 아이러니일까.

　역시 스즈키 준코(鈴木淳子, 1987)는 도립(都立) T고교(남녀
공학)의 1949년에서 1984년까지의 여자 졸업자 6193명을 대상
으로 하여 그 안에서 각 학년 2명의 할당으로 무작위(랜덤)로
추출한 300명에 대해서 '의식(意識)과 여성으로서의 삶의 방
법'에 관한 질문지 조사를 행하였다(우편 조사법으로 회수율은
58%).

　조사표에는 ① 연령, 학력, 혼인상황, 자녀의 유무, 자녀의 연
령, 연수입, 취로(就勞)형태라는 항목과 ② 취로 계획, 취로 목
적, 역할의식에 관한 항목, ③ 페미니즘 스케일이 포함되어 있
었다(V-8).

　조사의 결과는 페미니즘 스케일의 득점을 바탕으로 하여 분
석되었고 다음과 같은 결론을 얻었다.

　페미니즘 스케일에서 고득점의 여성 프로필은 ㉮ 30대 후반
으로 기혼, ㉯ 4년제 대학 졸업, ㉰ 일을 하는 것은 당연하고 재
미있으며 자립하고 싶기 때문에 일을 계속할(시작할) 의사가
있다, ㉱ 사회인으로서의 역할을 중요하게 생각한다는 것이
었다.

　한편 페미니즘 스케일에서 저득점 여성의 특징은 ㉮ 독신이

①. 프로포즈는 역시 남성으로부터 하는 것이 좋다. ①

②. 여성이 사회적 지위나 임금이 높은 직업을 가지면 결혼하는 것이 어렵게 되기 때문에 그러한 직업을 갖지 않는 편이 좋다. ①

3. 여성은 반드시 결혼하지 않아도 된다. ①

④. 여성은 가사나 육아를 하지 않으면 안되므로 풀 타임(full time)으로 일하는 것보다 파트 타임(part time)으로 일하는 편이 좋다. ③

5. 여성의 인생에 있어서는, 아내이고 어머니인 것도 중요하지만 일을 하는 것도 그것과 마찬가지 정도로 중요하다. ③

6. 종전에 남성의 일이라고 생각되어온 직업(엔지니어, 택시나 버스의 운전기사, 파일럿, 외교관, 수학자 등)에 앞으로는 여성도 자꾸만 진출해야 한다. ③

⑦. 여성은 결혼해서 아이를 낳으면 일을 그만 두고 막내가 국민학교에 입학할 무렵에 다시 취직하는 것이 바람직하다. ③

8. 여성은 아이를 낳아도 일을 계속하는 편이 좋다. ③

⑨. 경제적으로 부자유스럽지 않으면 여성은 일하지 않아도 좋다. ③

10. 경제적으로 필요성이 없어도 여성도 일하는 편이 좋다. ③

11. 자립한 인간이 되기 위해서는 미혼·기혼을 불문하고 여성도 일을 하는 편이 좋다. ③

⑫. 가사나 육아를 하지 않으면 안되므로 여성은 너무 책임이 무거운, 경쟁이 심한 일을 하지 않는 편이 좋다. ③

⑬. 결혼생활의 중요사항은 남편이 결정해야 한다. ①

⑭. 주부가 일하면 흔히 남편을 업신여기는 경향이 있어 부부관계에 금이 가기 쉽다. ①

15. 일하는 주부는 남편의 좋은 파트너가 되어서 부부간의 이해를 심화시킬 수 있다. ①

⑯. 전업 주부로서 취미, 스포츠, 레저 등을 즐기는 생활쪽이 맞벌이를 하는 생활보다 행복하다. ①

17. 좋은 남편이란 아내의 자기 실현에 협력하고 자유를 인정하는 남성이다. ①

⑱. 여성이 있어야 할 장소는 가정이고 남성이 있어야 할 장소는 직장이다. ①

19. 부부가 맞벌이인 경우 가사를 평등하게 분담해야 한다. ①

⑳. 주부가 일을 가지면 가정의 부담이 무거워지므로 좋지 않다. ①

21. 부부가 맞벌이인 경우 육아를 평등하게 분담해야 한다. ①

V-8. 페미니즘

㉒ 결혼하면 아이를 낳고 키우는 것이 당연하다. ②

㉓ 육아는 여성으로서 가장 중요한 캐리어이다. ②

24. 항상 가정에 있으면서 육아에 전념하는 모친만이 이상적인 모친이라고 할 수는 없다. ②

㉕ 남자아이는 남자답게, 여자아이는 여자답게 키우는 것이 가장 중요하다. ②

26. 아이들에게 주는 장난감에, 예컨대 여자아이에게는 인형, 남자아이에게는 비행기와 같은 남녀의 구별을 할 것은 아니다. ②

㉗ 딸은 장래 주부로, 아들은 직업인이 되는 것을 상정하여 키워야 한다. ②

㉘ 아이에게는 남녀의 구별없이 교육의 기회를 평등하게 주어야 한다. ②

29. 남녀의 관계는 대등하여야 한다. ④

30. 중학교, 고등학교에서는 남자도 가정과를 배워야 한다. ②

31. 결혼 후 아내는 반드시 남편의 성을 따를 필요는 없고 구성(舊姓)으로 통해도 된다. ①

32. 가사는 남녀의 공동작업이 되어야 한다. ①

33. 남녀의 능력차보다 개인의 능력차쪽이 크다. ④

34. 여성도 훈련을 받으면 책임이 있는 일이나 중요사항의 결정을 맡길 수 있다. ③

35. 여성이라는 이유만으로 직업상의 기회를 빼앗아서는 안된다. ③

36. 장래는 여성이 남성과 완전하게 평등한 작업내용, 임금, 승진을 얻을 수 있도록 되는 것이 바람직하다. ③

37. 여성이 사회에 진출하여 일하면 사회의 진보나 발전에 있어서도 플러스가 되는 일이 많다. ④

38. 남성과 평등하게 되기 위해서 여성이 자립 의식을 갖고 지위 향상을 지향해야 한다. ④

39. 가정이나 사회에서 남녀평등의 권리와 의무를 더 강조해야 한다. ④

40. 여성도 일을 통해서 자기 실현이나 인간으로서의 성장을 지향해야 한다. ④

(주) 5단계 평정. ○으로 둘러싼 숫자는 역전(逆轉) 항목. 각 항목의 뒤에 표기한 숫자는 ① 결혼관, ② 교육관, ③ 직업관, ④ 평등·자립의 의식을 나타낸다.

스케일(스즈키, 1987)

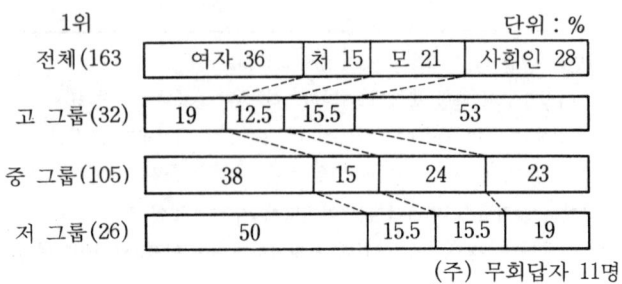

1위   단위 : %

전체(163	여자 36	처 15	모 21	사회인 28
고 그룹(32)	19	12.5	15.5	53
중 그룹(105)	38	15	24	23
저 그룹(26)	50	15.5	15.5	19

(주) 무회답자 11명

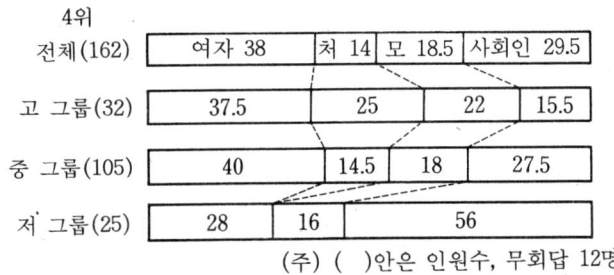

4위

전체(162)	여자 38	처 14	모 18.5	사회인 29.5
고 그룹(32)	37.5	25	22	15.5
중 그룹(105)	40	14.5	18	27.5
저 그룹(25)	28	16	56	

(주) ( )안은 인원수, 무회답 12명

V-9. 페미니즘의 수준별 역할 의식(아내·어머니·여자·사회
인의 네 가지 역할에 대해서 '인생에 있어서 중요하게
여기고 있는 순서'를 물은 결과. 스즈키, 1987)

고, ⓝ고교 또는 전문학교 졸업, ⓓ일은 재미없지만 경제상의
필요 또는 사회공부를 위해 일하고(자기에게 적합한 직업이
있으면 일하고 싶다), ⓡ여자로서의 자기를 살리는 것을 중요
하게 생각하고 있다는 것이었다(V-9).

"의식이 존재를 결정하는가 그렇지 않으면 존재가 의식을
결정하는 것인가"페미니즘과 여성의 삶의 방법의 문제는 매
뉴얼대로는 되지 않는 것이 현실이다.

VI. 차별은 하여도 차별 당하기는 싫다

1. 여자라는 차별, 나이라는 차별

"이야기하면 안다"라고 말하지만 그것은 자칭 인텔리의 독선(獨善)에 지나지 않는 일이 있다. 아무리 이야기해도 들어주지 않는 상대에게는 시간의 낭비라는 것이다. "주의주장이 다르다"라든가, "이데올로기를 달리 한다"라고 하는 요란스런 것이 아니더라도 공통의 근거지가 없는 한 아무리 논의해도 서로 결말이 나지않는 논쟁으로 끝날 뿐이다. 예컨대, 페미니즘(feminism)의 문제이다.

많은 남자들의 인식은 당초 '여자의 희언(戲言)'이고 '미스·컨테스 분쇄를 부르짖는 일부의 반향(反響)이다'라는 정도의 관심에 머무르고 있었던 것이다. 그것이 자기들의 발밑을 뒤흔드는 큰 문제로 발전할 것이라고는 상상조차 못한 것이다. 하물며 "직장 여성들이 자기들과 같은 권리를 갖고 있다"는 등은 성희롱과 마찬가지로 이해하기 어려운 것이었다. 이 문제의 화제성(話題性)이란 점에서는 클라렌스 토마스의 미국연방 최고재판소 판사 임명에 관한 공청회에서 여성의 전(前) 부하와의 대결이 유명하다.

• **최고위층도 성희롱? 미국 최고재판소 판사를 둘러싼 공청회**

〔뉴욕 11일, 소토오카 히데토시〕

미국연방 최고재판소 판사의 승인을 둘러싸고 11일 개최된 상원 사법위원회의 공청회에서 '성희롱'이 초점이 되어 전미국의 주목을 모으고 있다. 미국 3대 네트워크를 비롯한 텔레비전국은 하루종일 실황중계를 하는 등, 이례적인 취급을 했다. 미국 매스컴은 이번 공청회를 매카시즘을 낳은 비

미국 활동위원회, 워터게이트 사건 등의 공청회에 이어지는 중요한 사건으로 취급하고 있다.

공청회에서 문제가 된 것은 부시대통령이 최고 재판소 판사로 지명한 보수파의 흑인 연방판사 클라렌스 토마스(43)가 10년쯤 전에 당시의 여성 부하에게 '성희롱'을 하였다는 것이다. 오전 10시부터 시작된 공청회에서는 먼저 토마스가 선서한 다음 의혹을 전면 부정했다. 그후 80년대 전반에 교육성과 고용기회 평등위원회(EEOC)에서 토마스의 보좌역으로 근무한 오클라호마대학 교수인 여성법률가 애니터 힐(35)이 등장하여 대결증언을 했다. 힐교수는 당시 상사였던 토마스로부터 가끔 데이트 요청을 받고 거절하면 토마스가 회화속에서 자기가 본 그룹 섹스 등의 포르노 영화 내용을 생생하게 이야기했다고 증언하였다.

밤까지 계속된 공청회에서는 상원의원이 차례로 토마스가 이야기했다고 하는 구체적인 섹스 묘사에 대해서 질문을 퍼부었고 그 질의 응답은 텔레비전으로 그대로 가정에 방영되었다…….

(아사히 신문, 1991년 10월 12일, 석간)

일본 국회에서의 증인 환문의 양상과는 상당히 다르지만 이 공청회에서의 남성의원의 태도가 여성 시청자들을 분개시켰고, 그것이 또한 여성 문제에 대해서 보수적인 입장을 강조한다는 공화당의 선거전술의 서투름과도 서로 겹쳐서 부시대통령의 패배를 초래하였다고 일컬어지고 있다. '무서운 것은 여자들의 원한'이지만 미국 또한 남성 우위의 사회이다. 그러한 가운데에서는 레이디 퍼스트의 습관도 '미덕'이라고 기뻐할 수만은 없다. "그러한 피상적인 것보다는 돈주머니의 끈을 넘겨주는 것

이 낮다"라고 미국 여성은 반대로 일본 여성을 부러워하는 것
이다.

'여자이니까' '여자이기 때문에'라는 이유만으로 불리한 취급
을 강요당하는 것은 일종의 차별이다. 비록 어떠한 구실을 마
련해도 실태는 바뀌지 않는다(Ⅵ-1).

물론 어떤 사회에서도 차별은 으레 따르게 마련이다. 아이들
의 욕설에서 볼 수 있는 '꼬마, 뚱뚱보, 호박……'으로 시작하여

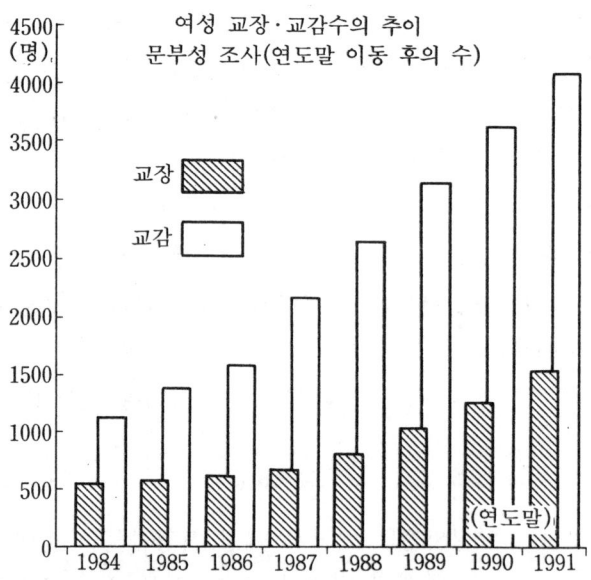

Ⅵ-1. 여성 교장, 교감수의 추이(1991년도 말의 일본 전국의
      공립 국민·중·고교의 교장수는 38,446명, 교감수는 41,
      228명. 이중 여성의 비율은 교장 전체의 4%, 교감 전체
      의 9.9%이다. 교장으로 한정시키면 국민학교가 5.9%,
      중학교가 1.1%, 고등학교가 0.4%가 된다. 문부성 조사)

어른끼리의 구박이나 성희롱, 나이가 들면 '지겹도록 장황하다, 거추장스럽다'라는 노인네 학대가 기다리고 있다. '재주가 없어도 팔팔하면 예능인'이라는 젊음 편중의 사회에서는 노인네는 외토리 취급을 받게 된다. 이것은 '에이지즘(ageism)'이라는 이름의 차별이다.

일본인이 영어회화 교실의 선생에게 원하는 것은 '금발에 눈이 파란……' 타입의 백인 여성이고, 그렇지 않은 경우에는 영어회화에 거는 열의도 시들해진다는 것이다. 말로서의 영어를 배우는 것이 아니고 그 분위기를 즐기고 있는 것이다.

이것도 또한 문화교류일 것이지만, 곁들인 물건 취급을 받는 백인 여성으로서는 견딜 수 없는 것이다.

또한 백인이 아니라는 이유로 채용을 거절당한 여성으로서는 차별 이외의 아무것도 아니다.

미국 등에서는 구인광고를 낼 때 직종과 자격만을 명기하고 성별, 연령, 종교, 인종 등에 관해서는 일체 언급하지 않는다는 것이다. 그러한 조건이나 규정에 관해서는 '반드시 이러하지 않으면 안된다'라고 하는 명확한 이유가 없기 때문이다. 해명을 할 수 없는 이상 차별이라고 비난받아도 할 수 없다(Ⅵ-2).

여담이지만 50대가 되어서부터 정치학을 공부하기 위해 대학에 입학한 어떤 여성은 "지금부터 공부를 시작해도 별수없다고 생각하는 사람도 있지만 나의 이제까지의 캐리어는 결코 헛되지는 않았다"라고 대답하고 있었던 것이다. 이것은 오스트레일리아의 플린더스 대학에서의 이야기이지만 일본에서는 어떨까.

THE FLINDERS UNIVERSITY OF SOUTH AUSTRALIA

SCHOOL OF SOCIAL SCIENCES
DISCIPLINE OF PSYCHOLOGY

LECTURESHIP
IN
PSYCHOLOGY
(Limited Term)

Applications are invited for the above position from candidates who have a strong background in experimental psychology, especially cognitive psychology. The applicant will be expected to teach in the area of cognitive psychology and conduct research in his/her speciality. The position is available for an initial period of three years but may be extended for up to a further two years.

Applicants should have a Ph.D. in Psychology. Research interests (pure applied) in perception, information processing, language, psychophysiology, learning or human skills would be an advantage.

Further information about the Psychology Discipline and the University may be obtained from Professor N. T. Feather, telephone (08) 275 2192.

Salary Scale: $29,842-$38,932 per annum. (An appointment will not be made above the sixth level of the scale, viz. $36,334).

Written applications giving full details of qualifications and experience, and the names and addresses of three referees of whom confidential enquiries may be made, should be forwarded, IN DUPLICATE, to the Director of Administration and Registrar, the Flinders University of South Australia, Bedford Park, S.A. 5042, by the closing date, January 13, 1989.

EQUAL EMPLOYMENT OPPORTUNITY
IS UNIVERSITY POLICY

Ⅵ-2. 오스트레일리아의 대학에서 볼 수 있는 구인 광고

2. 차별 발생의 메커니즘

인간관계에 있어서는 최초에 상대방을 어떠한 인물로 인지하는가에 따라서 그뒤의 전개도 달라진다. 좋은 인상을 가지면 함께 있어도 즐겁고 이야기도 활기를 띤다. 그러나 반대의 경우에는 서둘러 이야기를 중단하여 작별하는 것밖에는 생각하지 않는다.

이러한 것은 '첫인상(first impression)'에 관한 연구를 기다릴 것도 없이 사람들이 늘 경험하고 있는 일이다. 집안에서는 형

편없는 모습을 하고 있어도 정작 외출을 한다 하면 거울을 보면서 이것저것 체크한다. 헤어스타일은 틀이 잡혀 있는가? 양복과의 균형은? 구두는 어느 것으로 할까? 하는 식이다. 아침 미인도 젊은이 사이에서는 차림새를 단정히 하는 것의 하나이다. 상대방에게 호감을 주기 위해서는 (또는 불쾌감을 주지 않기 위해서는) 그나름의 준비와 노력이 요구되는 것이다.

그러나 그러한 노력의 보람도 없이 사람들이 의식적으로 접촉을 피하려고 하거나 무탈한 대응으로 시종하는 일이 있다.

그것은 '스티그마(stigma)'를 부여받은 사람들에 대한 경우이다. 스티그마라고 하는 말이 의미하는 바는 반드시 명확치는 않지만 미국의 사회학자 고프만(Goffman, E., 1963)은 다음과 같이 설명하고 있다.—스티그마라는 말을 사용한 것은 분명히 시각이 예리하였던 그리스인이 최초였다. 그것은 육체상의 '표식'을 표현하는 말이고 그 '표식'은 붙이고 있는 자의 성격 등의 상태에 어딘가 이상한 부분, 나쁜 부분이 있음을 사람들에게 고지하기 위해 고안된 것이었다. '표식'은 육체에 새겨 넣든가, 낙인을 찍어서 그 '표식'을 붙인 자는 노예, 범죄자, 모반자—즉 추악한 자, 기피해야 할 자(특히 공공장소에서는)임을 고지하는 것이었다. 후에 그리스도교의 시대가 되어서 두 가지 은유(隱喩, metaphor)의 층이 이 말에 가해졌다. 제1의 층은 피부에 입을 뻐끔히 벌린 형태를 따서 육체에 나타난 성총(聖寵)의 표식을 의미하고 있었다. 제2의 층은 이 종교적 은유에 대한 의학적 언급으로 신체상의 이상한 육체적 징후를 의미하고 있었다.—오늘날에는 이 말은 최초의 그리스어의 자의(字義)상의 의미와 비슷한 의미로 널리 사용되고 있으나 불면목(不面目)을 나타내는 육체상의 '표식'은 아니고 불면목 자체를 표현하는 데 사용되고 있다.

예컨대, 고프만은 이러한 스티그마의 부여와 결부되는 속성으로서 ①신체적인 결함, ②개인의 성격의 나약함에 따른 오점(가지가지 형태의 중독환자), ③인종, 민족, 종교 등을 달리 하는 특정 집단의 구성원을 들고 있다.

이러한 학문적인 정의와는 달리 일반적인 사용법은 상당히 엉성하다. 문제는 개성으로 간주되는 것 같은 약간의 차이까지도 확대 해석되고 '꼬마, 뚱보' '굼뜬 사람' '사투리가 있다'라고 하는 신체적·성격적인 것까지도 그것을 이유로 학대의 대상이 되는 것이다.

잣대를 대는 방법에 따라서는 누구라도 스티그마의 부여를 면할 수 없게 된다. 그것은 그것으로 재미있으나 많은 사람들에게는 불만이다. "차별은 해도 차별당하기 싫다"라는 것이 일반인의 심정이고 그것이 "자기도 엇비슷하다"라고 이야기되면 체면을 잃어 몸둘 곳이 없다.

일의 좋고 나쁨은 별개로 하고 심리적인 안정을 가져오는 첩경은 자기들과는 상이한 사람들을 발견하는 일이다(부정적인 의미로). 만일 찾아낼 수 없으면 억지로 만들어 내는 것 뿐이다. 그러나 거기에 집단이라든가 조직이라는 것이 개입하게 되면 이야기는 번거롭다. 아직도 귀여운 데가 있던 험담과 잡소리 따위가 소속집단이나 조직의 세력관계를 배경으로 하여 1차원상의 가치 척도로 슬쩍 바뀌게 되기 때문이다.

이러한 '강자의 논리'에 의거한 좋고—싫음의 평가는 약자에 해당하는 집단이나 조직의 구성원에게 일방적으로 적용되어 스스로의 입장을 정당화하는 근거가 되어버린다. 그렇게 되면 별로 양심의 가책을 느끼는 일도 없다. 그 하나의 결과가 장애자의 시설 수용일 것이다. 거기서는 물리적이나 심리적으로도 정상인의 세계와 분리작업이 행해지고 있다.

미국의 심리학자 제크레스트와 석스토프(Sechrest, L. & Sukstorf, S., 1977)의 연구에서는 지능 장애자의 수용시설에의 부모의 방문횟수를 이동거리와 관련지워서 분석되었다. 그 결과에 따르면 ①시설까지의 이동거리가 멀수록 방문횟수는 감소한다는 것, ②양친이 함께 살고 있는 경우쪽이 방문횟수가 많다는 것, ③이혼 또는 사별한 양친의 경우 모친쪽이 시설에 가까운 곳에 살고 있다는 것을 보여준 것이다(VI-3).

또한 이 결과에 대해서는 중력 유동모델(gravity flow model)이라는 공식이 들어맞어, 어떤 지점의 매력도는 거리의 제곱분의 $1(1/d^2)$로서 표시된다고 한다. 예컨대, 장거리 전화의 횟수, 도시간의 방문횟수, 쇼핑 여행이 그 한 예이다.

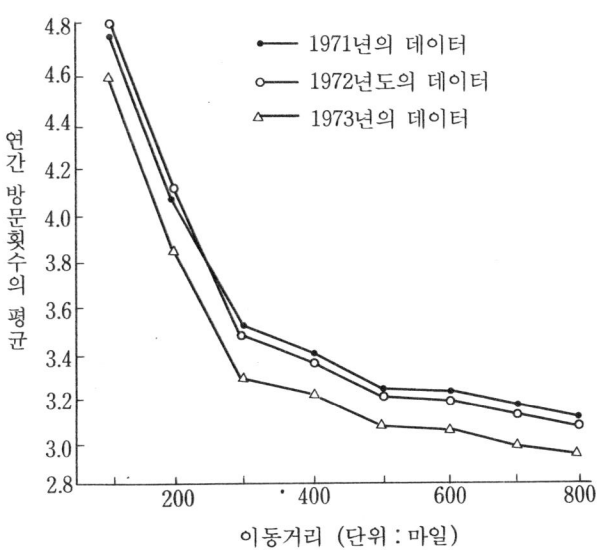

VI-3. **이동거리와 평균방문횟수**(Sechrest & Sukstorf, 1977)

한편 터키 출신의 사회심리학자 쉐리프(Sherif, M., 1967)의
연구는 정상인의 집단간 관계를 다룬 것으로, 거기서는 집단간
의 대립·갈등을 수복(修復)하는 시도가 행해졌다.

그는 여름방학의 야외활동으로서 캠프에 참가한 아이들을
두 그룹으로 나누어 쌍방의 대항의식을 부추기는 것 같은 게
임이나 활동을 하게 한 뒤 잠시 후 양자의 관계를 수복하는 작
업에 착수하였다. 즉 문제의 해결에 즈음하여 양 그룹의 협력
이 필요해지는 장면이 만들어진 것이다. 그 결과 양 그룹은 대
립하는 것을 중단하고 새로운 목표를 향하여 협조한다는 태세
를 만들어냄과 동시에 상대 그룹에 대한 비난이나 중상의 중
지, 구성원끼리의 친교의 회복이라고 하는 움직임이 나타났다
(Ⅵ-4).

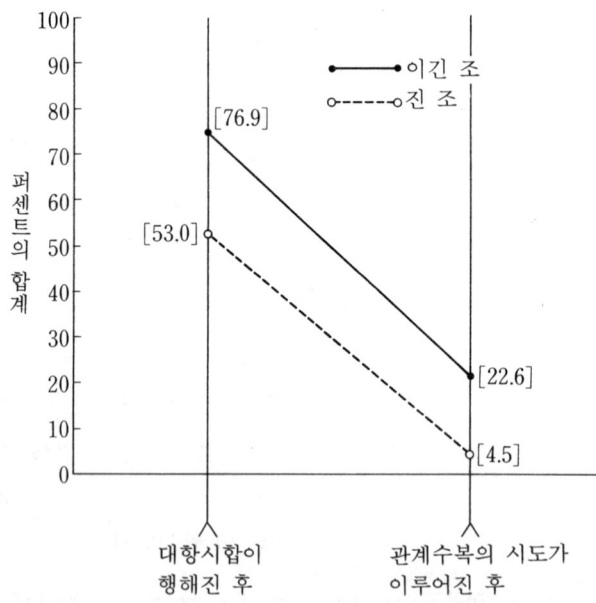

Ⅵ-4. 대립 그룹에 대한 부정적(negative) 언동의 변화(Sherif, 1967)

만일 이러한 수복작업이 잘 되지 않으면 양 그룹은 불구대천의 적으로서 대립을 계속하게 된다. 그리고 양자의 힘의 균형이 한 쪽으로 크게 기울었을 때 힘에 의한 제압이 개시된다.

3. 몰이해라는 괴로움

갓난아기가 태어났을 때 부모는 '아무튼 5체(体)가 만족스러우면'이라고 바란다. '머리가 좋고 미인. 덤으로 살갗이 희고 ……'라고 하는 염치없는 주문은 둘째 문제이다.

그러나 그러한 바람도 헛되이 장애를 가진 아이가 태어난다면 어떠할까. '이것도 신의 뜻'이라고 현실을 순순히 받아들일 수 있는 것일까.

또한 어제까지 건강하게 뛰어다니던 사람이 교통사고를 당하여 목숨은 건졌다해도 반신불수로 휠체어의 생활로, 라는 이야기도 남의 일은 아니다. 일본 경찰청이 발표한 교통사고 사망자수는 연간 1만1천 명을 넘고, 후생성 발표로는 그보다 약 3천 명이나 더 많다(경찰청 발표는 사고 후 24시간까지의 사망자밖에 헤아리지 않기 때문에 적어진다)고 하는 현상황에서는 교통사고로 인한 장애자의 수는 사망자의 몇 배가 되는 것일까. 또 그들은 그러한 경우의 변화를 어떻게 받아들이고 있는 것일까(Ⅵ-5).

이렇게 보면 정상인과 장애자라는 구분은 결코 절대적인 것은 아니고 운명의 장난으로밖에 생각되지 않는 근소한 차이에 의한 것이다. 바야흐로 '내일 어찌 될지도 모르는 자기 몸'이고 현대인은 이러한 것에도 마음의 준비가 요구되는 것이다.

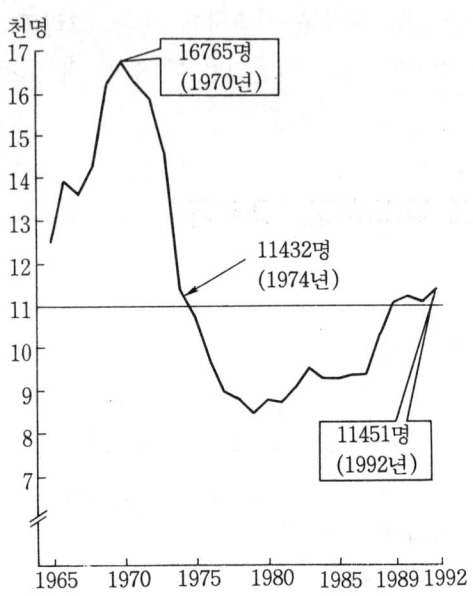

천명

16765명
(1970년)

11432명
(1974년)

11451명
(1992년)

1965 1970 1975 1980 1985 1989 1992

Ⅵ-5. 교통사고 사망자수(일본 경찰청 발표)의 추이

미국의 심리학자 불만과 워트만(Bullman, R.J. & Wortman, C.B., 1977)은 "자기의 일생을 바꿔버릴 것 같은 사고나 재난을 당한 사람들은 그것을 어떻게 받아들여 대처하려 하고 있는 것일까. 증상의 경중, 그 경위, 책임의 소재(귀속시키는 방법) 등에 따라서 대응하는 방법은 달라지는 것일까"라는 문제를 채택하고 있다. 피험자(여기서는 환자)는 자동차 사고, 다이빙에서의 실패, 총포의 취급 잘못 등에 의한 척수 손상 때문에 두 발이 마비된 환자 및 양손 양발이 마비된 환자 29명이었고, 데이터는 ① 그들과의 면접, ② 사회사업가(social worker) 및 간호사의 행동 관찰(평정)의 결과였다.

먼저 면접에서 밝혀진 것은 ① 그 사고는 피할 수 있었다고 생각하고 있거나, 비난을 하여야 할 상대가 없거나, 당사자의 신앙심이 두터운 경우에는 사고의 책임을 자기 자신에게 귀속시키는 경향을 볼 수 있다는 것, ②사고가 일어난 후 시간이 경과함에 따라 그 책임을 환경요인으로 귀속시키는 경향이 강해진다는 것이다.

한편, 사회사업가나 간호사의 관찰에 따르면 ("환자는 어느 정도 리허빌리테이션에 진지하게 달라붙고 있는가"를 체크) ①다른 사람을 비난하는 정도가 강하거나 사고는 피할 수 있었다고 생각하고 있는 동안에는 리허빌리테이션(rehabilitation)에 달라붙는 자세에도 열의가 느껴지지 않는다는 것, ②반대로 자기자신을 비난하는 정도가 강하면 그만큼 리허빌리테이션에도 열심이라는 것이 지적되었다(Ⅵ-6).

리허빌리테이션에 대한 열의 사고는 피할 수 있었다 자기 책임을 고 생각 하고 있는 정도 인정하는 정도	낮 다		높 다	
	낮 음	높 음	낮 음	높 음
높 음	5	4	0	5
낮 음	4	1	5	4

Ⅵ-6. **책임의 귀속과 리허빌리테이션에 대한 열의**
(Bullman & Wortman, 1977)

그런데 신체 장애자 등 장애를 가진 사람들을 괴롭히는 것은 정상인의 무례한 태도이고 무신경한 발언이다.

이 점에 대해서 앞에서 말한 고프만은 "스티그마를 받은 사람들이 정상인과의 상호작용에 있어서 학습해야 할 사항은 ① 먼저 정상인의 시각을 습득하여 ②그 시각에서 보아 자기가 실격되어 있음을 이해하고 그리고 ③자기가 바로 그 종류의 인간임을 인정해서 그 취급에 스스로를 적응시키는 것이다"라고 언급하고 있다. 즉, 사고 등으로 장애자가 된 사람들은 스스로의 신체 상황에 적응하지 않을 수 없음과 동시에 이제까지 자기가 그 일원이었던 정상인의 기대에 부응하는 역할을 수행하지 않으면 안되는 것이다. '장애자답게 행동하는' 것이 정상인 중심의 사회에 적응하는 수단이고 그러한 '역할기대(role ex-pectation)'로부터 일탈하는 것은 자신의 입장을 더 나쁘게 할지도 모른다.

이렇게 하여 장애자는 정상인의 편의주의에 놀아나버려 '장애자도 정상인과 함께 하는 생활'이라는 정상화(normalization)의 구호(口號)도 장애자의 심리적인 부담을 오히려 무겁게 하는 것만으로 끝나버린다.

미국의 사회심리학자 클렉과 스트렌타(Kleck, R.E. & Strenta, A., 1980)는 "스티그마를 갖는 것이 그 사람의 행동에 어떠한 영향을 미치고 있는가"라는 테마 아래 다음과 같은 실험을 하였다.

그들은 여학생을 피험자로 하여 그녀들을 무작위(랜덤)로 ㉮알레르기 체질의 사람, ㉯간질환자, ㉰얼굴에 상처 자국이 있는 사람이라는 조건에 할당한 후 "같은 연령의 여학생(실제로는 바람잡이)과 어떤 테마에 대해서 서로 이야기를 나누게 된다"라고 전했다. 각 피험자는 자기가 어떠한 상태에 있는가를 상대방이 알고 있는 것으로 굳게 믿고 있었지만, 실제로는 바람잡이는 피험자가 어떤 스티그마 조건에 속해 있는가를 몰랐던 것이다. 두 사람은 '친구를 만드는 방법'이라는 테마로 약 6분간 이야기를 나눈 후 각각 별실에서 ㉮상대방에 대한 인상평정(印象評定)과 ㉯이야기를 나누는 장면의 비디오 테잎을 보면서 인지한 것을 체크했다.

실험 결과로부터는 부정적(negative)인 평가와 결부되기 쉬운 조건의 피험자는 (간질 및 얼굴의 상처 자국) 평가가 애매한 조건의 피험자와 비교해서(알레르기 체질) 상대방(바람잡이)의 아무렇지도 않은 반응이나 동작에도 과민하게 되어버려 그만 그 의도를 깊이 읽어버린다는 것이 밝혀졌다(Ⅵ-7).

이와 같이 스티그마가 부여된 사람들이(이것도 정상인의 차별 행위가 원인이지만) 주위 사람들의 행동거지를 강하게 의식하고 있는 경우가 되면 정상인쪽도 그러한 번거로움을 두려워하여 관계를 피하려 하게 된다. 이것으로는 악순환에 빠져버려 양자의 상호 이해는 점점 어려운 것으로 된다.

이러한 상황을 타개하는 방책으로서 제안된 것이 스티그마를 부여받은 사람이 자진해서 스스로의 스티그마에 대해서 이야기하는 것이었다. 그 의도는 일반 사람들이 품는 불안감을 사전에 '해소시켜 버리는 것이고 일종의 '자기개시(自己開示, self-disclosure)'였다.

평 정 척 도	스 티 그 마 조 건		
	알레르기 체질	가 질	얼굴의 상처 자국
눈을 맞추려고 하고 있었는가	12.00	10.37	11.75
긴장하고 있었는가	2.37	7.12	8.00
이야기를 나눌 때 열심이었는가	9.37	9.37	10.37
서먹서먹하였는가	7.37	7.87	8.62
매력적이었는가	8.62	7.50	6.37
좋아하게 될 것 같은 인물인가	10.25	8.87	9.75
덥적거렸는가	1.87	3.25	4.12

(주) 각 평정 척도는 14단계 평정. 수치가 클수록 그와 같이 느끼고 있었다는 것을 보여준다.

Ⅵ-7. 스티그마를 부여받은 사람들의 대인의식(Kleck & Strenta, 1980)

미국의 사회심리학자 벨그레이브와 밀즈(Belgrave, F. Z. & Mills, J., 1981)는 여학생을 피험자로 하여 '타인과의 상호작용

이 작업과제에 미치는 영향'이라는 실험에 대한 협력을 요청했
다.

먼저 최초에 '타인과의 상호작용을 좋아하는 정도'를 10단계
로 자기평정했다(사전 측정). 평정 후에 실험자는 "이 평정용
지는 이번 실험에서는 사용하지 않기로 되었으므로 새것과 바
꿔준다"라고 말하고 퇴실해버렸다. 실험실에 남은 사람은 피험
자와 뒤에 늦게 들어와서 질문지에 회답하고 있는 바람잡이의
남성뿐이었다.

이 바람잡이 남성에 대해서는 ㉮ Disabled 조건(휠체어 사용)
과 ㉯ Non-disabled 조건(통제 조건)이 설정되어 있고, 전자의
Disabled 조건에 대해서는 다시 다음과 같은 조건 조작이 행해
졌다.

① Request-mention 조건…바람잡이가 질문지에 회답하고
   있을 때 연필심이 부러져 피험자를 향해서 "연필심이 부
   러졌으니 깎아 주시지 않겠습니까. 휠체어로는 높은 곳에
   있는 연필깎기까지 손이 닿지 않아서요"라고 도움을 청했
   다.

② Miscue-mention 조건…바람잡이가 질문지에 회답하고 있
   을 때 연필의 심이 부러져 연필깎기가 있는 곳까지 휠체
   어를 이동시켜 깎으려고 하였으나 연필을 바닥에 떨어뜨
   려 버렸다. 그래서 피험자를 향해서 넌지시 "휠체어로는
   불편한 일이 많아. 연필을 깎는 것도 큰 일이야"라고 중얼
   거렸다.

③ Mention 조건…바람잡이는 피험자를 향해서 넌지시 "이
   실험이 신체를 움직이는 것이 아니면 좋을텐데. 휠체어로
   는 불편한 것이 많아서"라고 중얼거렸다.

④ No mention(아무것도 말하지 않는다) 조건과 ⑤ Non disabled 조건에서는 바람잡이는 질문지에 집중하고 있었고 피험자와 말의 주고받음은 없었다.

실험자는 이들 상황을 별실에서 관찰하고 있었고, ①~③의 조건에서는 피험자가 어떤 반응을 보였을 때, ④~⑤의 조건에서는 피험자의 회답이 막 끝났을 때 입실했다. 그리고 피험자를 별실에 안내하여 다시 새로운 평정용지를 주면서 '타인과의 상호작용을 좋아하는 정도'를 20단계로 평정하도록 요구하였다(사후 측정). 종속변수는 사전, 사후의 2회 측정에서 평정치의 차이였다(평정 척도의 눈금은 조정).

실험 결과는 예상대로 바람잡이가 그럴듯하게 자기의 신체 상황을 언급한 경우에 있어서(Request-menttion, Miscue-mention 조건) 호의적 태도를 끌어낼 수 있었다. 그러나 단순히 신체의 상황을 언급하는 것만으로는 그러한 효과는 찾아볼 수 없었던 것이다(Ⅵ-8).

그런데 「유엔·장애자의 10년」은 1992년에 끝났지만 그 성과는 어떠할까.

(숫자는 평균치)

조 건	변 화
Nondisabled	−0.10
No mention	−0.45
Mention	−0.15
Request-mention	+1.15
Miscue-mention	+0.65

(주) 각 조건 모두 피험자는 20명

Ⅵ-8. 상호작용의 상대방에 대한 호의도의 변화(Belgrave & Mills, 1981)

세상 전체가 성급하게 "남의 일 같은 것에 마음을 쓰고 있을 수 없다"라는 심리상태에 빠지기 쉬운 일본의 사회에서는 장애자는 처음부터 지는 싸움을 강요당하고 있는 것이다.

일본 장애자 고용촉진법에서는 장애자 고용률의 하한(下限)을 민간기업 1.6%, 특수법인 1.9%, 국·지방 공공단체의 비현업적 기관 2.0%, 현업기관 1.9%로 정하고 있으나, 1992년 6월 현재에 있어서의 달성률은 민간기업이 1.36%, 특수법인이 1.9%, 국·지방 공공단체의 비현업이 1.9%, 현업이 2.17%라는 것이다(1992년 10월).

이 법률이 정하고 있는 것은 하한이고 상한이 아니라는 것을 생각한다면 장애자의 자립의 길은 여전히 험난하다.

• 아직도 낮은 장애자에 대한 관심, 총리부 여론조사

9일 '장애자의 날'을 앞두고 총리부(總理府)가 6일부로 장애자에 관한 여론조사 결과를 정리했다. 그에 따르면 '장애자의 날'을 알고 있는 사람은 전회(前回) 조사시부터 착실하게 증가는 하고 있지만 여전히 4명에 1명이라는 낮은 비율에 머무르고 「유엔·장애자의 10년」(1983~92년)을 계기로 교류나 자원봉사 활동에 참가한 일이 있는 사람은 8.1%에 지나지 않았다.

장애자와 이야기를 하거나 도움을 주거나 한 경험을 가진 사람이 절반을 넘는 등 관심이 높아짐도 볼 수 있으나 총리부에서는 '인식은 아직 불충분'이라 하여 이번 결과를 새해 초에 완성되는 차기 10개년 계획에 반영하려 하고 있다.

조사는 8월 하순, 전국의 성인 3000명을 대상으로 면접방식으로 실시하였다. 유효회수율은 75.1%였다(Ⅵ-9). (이하 생략)

(마이니치 신문, 1992년 12월 7일, 조간)

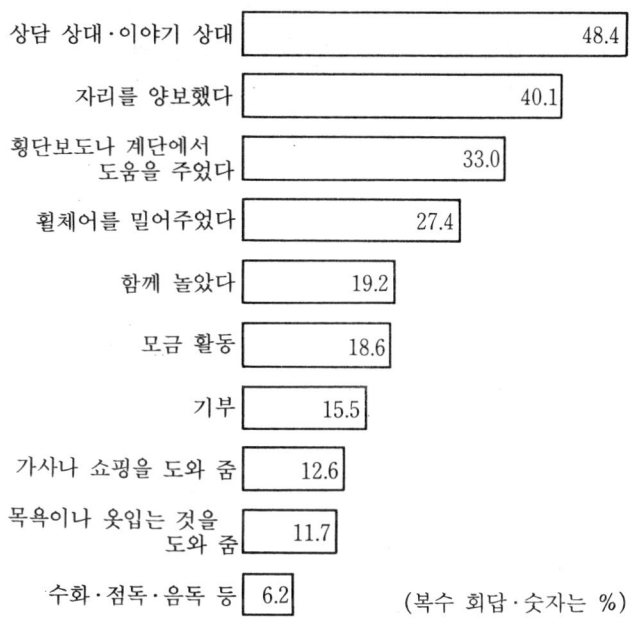

Ⅵ-9. 장애자와 이야기하거나 도움을 준 것은 어떤 일들인가
(일본 총리부 조사, 1992년 8월)

"사람의 마음속까지 법률로 정할 수는 없다"라는 입장도 있
지만 방치해 두면 사회가 바람직스러운 방향으로 변화해 간다
는 보증도 없다. 아무튼 최초의 제1보를 내딛기 위해서는 사회
적인 후원을 필요로 하는 것이다. '적극 행동(affirmative
action)'이란 이제까지 차별을 받아온 흑인이나 기타 소수민족,
나아가서는 여성의 고용 촉진, 고등교육의 추진을 위해서 미국
정부가 취한 정책의 하나인데, 그러한 것이 없는한 현상황을
개혁하려고 하는 움직임은 여간해서 구체화되지 않는 것이다.

물론 이러한 정책의 추진에서는 기득권을 상실하게 되는 그
룹이나 손해를 보는 집단으로부터의 반발은 당연히 예상된다.

그것에 입각하고나서 어디까지 초지를 관철할 수 있는지 어떤
지, 차별을 정말 없애려고 한다면, 이것은 이미 정치투쟁이고
뒤로는 후퇴할 수 없다는 각오가 필요하다.

Ⅶ. 감정 억제의 부작용

1. 울컥 흥분하기 쉬운 사람들

"그이는 감정적으로 되기 쉽다"라든가 "그녀는 기분파다"라고 하는 인물 표현은 그다지 바람직한 것은 아니다. 때로는 마이너스 평가가 된다. 만일, 상사가 이러한 타입이라면 부하는 애를 먹는다. 일 이외에서도 상사의 기분을 맞추지 않으면 안 되기 때문이다.

또 '감정적이다'라는 것은 거칠고 버릇이 없으며 지적으로 세련되지 않았다는 인상을 준다. 이러한 평가가 이루어지는 것 자체가 아무데서나 감정 표출이 터부시되어 있는 증거이고, "스스로의 감정을 조절할 수 있는 것은 지성의 소유자이고 그 나름의 지적 훈련을 받아온 사람이다"라는 인텔리의 독선성을 감지할 수 있는 것이다.

한편 통근 전차 안의 승객에게서 볼 수 있는 것처럼 감정 표출의 억제는 도시인의 생활의 지혜이기도 하지만 그러한 것을 모르는 사람들에게는 "도시인은 냉정하다", "점잔빼고 있다"라고 하는 인상을 준다. 외국인이라면 "어쩐지 기분 나쁘다"라고 받아들이는 것일까.

많은 사회는 감정 표출에 관계되는 여러 가지 규제를 마련하고 있지만 그러한 조절은 반드시 만전을 기하고 있지는 않다. 가끔 감정 폭발이라고도 해야 할 사건이 보도되고 있기 때문이다. 예컨대, 개인수준에서는 바람처럼 나타난 악한 사건이나 동물 학대, 공공 시설물의 파손·파괴, 집단수준에서는 린치 사건이나 광란적인 소동이다.

이러한 사건의 대부분이 스트레스의 발산에 따른 것인지 아닌지는 분명치 않지만 울적한 감정은 비뚤어진 형태로 표출된다. 그러한 의미에서는 인간의 감정을 무시한 지성 만능의 사회는 부자연스럽다.

• **어린이 40% "행복을 느끼지 못한다", 후생성 조사**

반수가 학원에 다니고 40%가 공부나 진로에 대해서 고민한다. 그리고 40% 가까이는 '행복'을 느끼고 있지 않다── 이러한 어린이상(像)이 26일에 마무리된 후생성의 아동환경 조사로 밝혀졌다. 후생성이 추진하고 있는 육아 지원이나 적게 낳는 경향에 대한 제동책의 일환으로서 어린이가 놓여져 있는 상황을 조사한 것인데, 입시지옥에 허덕이는 실태가 떠오른다.

1982년, 86년에 이어서 세번째의 조사이고 작년 9월에 실시되었다. 조사 대상은 3세에서 중학교 3학년까지 어린이가 있는 5469세대이고, 이 가운데 국민학교 5학년에서 중학교 3학년까지의 어린이 4193명에게는 별도의 아동용 조사표에 본인이 기입하도록 하였다.

3세에서 중학교 3학년까지의 어린이 중 67%가 각종 교습에 다니고 있었고, 국민학생 이하는 수영등의 스포츠 교실이 가장 많아 23%, 다음으로 피아노 등의 교습이 17%로 되어 있지만 중학생이 되면 54%가 학원에 다니고 피아노나 주산 등의 교습은 10%대로 줄어든다.

또 국민학교 5학년에서 중학교 3학년까지의 어린이의 회답을 보면 52%가 학원에 다니고 있다. 그 이유로서 국민학교 5학년의 13%가 "부모가 시켜서"라고 대답하고 있고 가장 많다. 그러나 중학교 3학년이 되면 "좋은 학교에 가고 싶어서"라는 대답이 20%로 증가하고 있다.

현재 품고 있는 불안이나 고민을 보면 60%가 고민을 갖고 있고 그 가운데 39%가 '공부나 진로'라고 대답하고 '자기의 성격이나 버릇'이 23%, '얼굴이나 체형(體形)'이 20%이다. 그러나 고학년으로 올라감에 따라 '공부와 진로'의 고민이 증가하여 국민학교 5학년에서는 22%인 것이 중학교 1학년에서는 35%, 중학교 3학년이 되면 64%로 증가하고 있다.

고민의 상담 상대로서는 친구가 가장 많아 47%(복수 회답)이다. 자기가 해결하는 것은 38%로서 "부모와 상의한다"의 37%를 상회했다. 역시 고학년이 됨에 따라 친구를 상담 상대로 하는 어린이가 증가하고 부모와의 상의는 줄어든다.

또 행복한지 어떤지를 질문하면 61%가 "매우 행복하다"라고 대답하고 있지만 반대로 "모른다" "어느쪽이라고도 말할 수 없다"를 포함시키면 39%가 '행복감'을 갖고 있지 않는 것이 된다. 특히 중학교 3학년이 되면 46%가 행복하다고 느끼지 않고 있다. (이하 생략)

(아사히 신문 1992년 12월 27일, 조간)

일본인은 '텐션(tention) 민족'이라고도 야유받는 것처럼 아무튼 울컥 흥분하기 쉽다. 그것이 참고 참다가 더는 참을 수 없게 되다 보면 '이제는 끝장'이라 하여 죽음을 각오하고 치고 들어간다. 시대극의 마지막 장면은 바로 일본인의 모습이다.

사회 전체에 여유가 없고 늘 다른 사람의 눈을 의식하면서 살아가지 않을 수 없는 상황에서는 사람들은 긴장이 강요되어 신경을 쉬게 할 겨를이 없다. 저절로 '지(知)·정(情)·의(意)'의 균형은 깨져 손해냐 득이냐라는 것 이외는 생각할 수 없게 된다. "이윽고 욕심에 눈이 멀어 큰 손해를 본다"는 식이 될지도 모른다.

이 점에 대해서 나카야우치 이치야(1990)는 최면상법(催眠

商法, SF상법)이라 부르는 가두 판매를 들고 있다. 이것은 첫 단계로 싸구려 상품을 시공품(試供品)이라는 명목으로 배포하고 모여든 사람들에게 거듭 마찬가지의 것을 반복하는 가운데 최면상태를 만들어내어 최종적으로 고가(高價)의 상품을 강매한다는 수법이다.

현장을 비디오 촬영하여 그것을 분석한 결과 다음의 3단계를 밟고 있음이 밝혀졌다(Ⅶ-1).

① 역앞의 인도상에서 계원 A, B, C가 큰 소리를 지르면서 무료로 상품 제공을 하고 있음을 알리고, 여성 보행자에게 상품의 무료교환권을 배포한다. 그리고 그것을 받은 사람에게는 별개의 계원 D에게 가서 상품과 교환하도록 지시한다.

② 계원 D 앞에는 몇 종류의 상품이 산적해 있고 통행인이 교환권을 갖고 그곳에 가면 상품을 1개 준다. 이때 계원 D는 눈앞에 있는 다른 종류의 상품도 모두 증정할 것을 암시하면서 자기들 회사의 허위 선전을 시작한다. 단순한 회답을 구하는 10분 정도의 말의 주고받음을 통해서 각자에세 상품을 서너 개 준 다음 계원 D는 모인 사람들에 대해서 5미터 정도 떨어진 다른 계원 E에게로 이동해 다른 상품도 받도록 지시한다(소이동).

③ 계원 E에게 이동한 뒤에도 거의 마찬가지 말의 주고받음이 반복되고 대체로 1시간 정도 충분히 사람들이 많이 들끓기 시작할 무렵 부근의 빌딩으로 이동할 것을 요구한다(대이동).

이렇게 하여 본래의 목적인 고액 상품(예컨대, 새털 이불)을 강매하기 위한 준비가 갖추어진 것이 된다.

나중에 정신이 들어(최면에서 깨어나) "어째서 그런 비싼 것을 산 것일까"라고 후회하게 되는데, 한번 그러한 분위기에 도

126

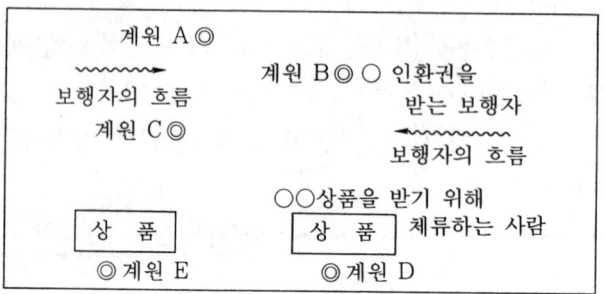

a. 개시 직후의 상품 무료배포 장면

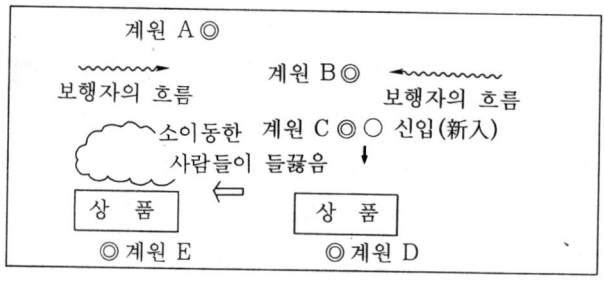

b. 소이동시의 상품 무료배포 장면

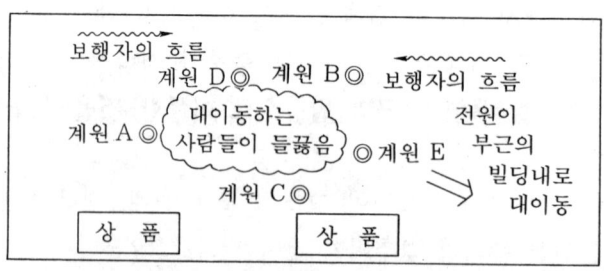

c. 대이동시의 상품 무료배포 장면

Ⅶ-1. **최면상법**(나카야우치, 1990)

취되면 제정신이 아니어서 그 자리를 떠날 수가 없게 되는 것
이다.

최면상법의 각 단계(스텝)에 있어서의 거부·이탈률을 보면
㉮ 보행자 중 거의 90%의 사람은 업자를 무시하거나 상품 받
기를 거부하지만 나머지 약 10% 정도의 사람들은 계원 ①에
게 가서 상품을 받고 있었다. ㉯ 다시 이 중의 약 반수가 계원
E에게로 소이동한다. ㉰ 계원 E의 장소에서 빌딩으로 대이동을
한 것은 그 중의 약 70%였다(Ⅶ-2). 이 비율에 의해서 단순계
산을 해보면 100명의 보행자 중 3~4명이 빌딩으로 대이동을
한 것이 된다.

보행자의 거부	소이동 전의 이탈	대이동 전의 이탈
88.7% (3)	54.5% (5)	30.3% (1)

(주) 괄호안은 분석가능하였던 사례수.

Ⅶ-2. 각 스텝에 있어서의 거부·이탈률(나카야우치, 1990)

2. 응원단의 이상심리

술좌석에서의 화제로는 스포츠가 안성맞춤이다. 정치면에 대
한 것은 이야기가 까다로워지고 예술에 관한 것은 소양이 없
으면 이야기가 되지 않는다. 바둑이나 장기로는 이야기가 전문
적으로 되어버린다.

야구나 씨름, 축구, 배구, 테니스 등의 스포츠의 경우에는 능
숙하고 서투른 차이는 있어도 다소의 경험이 있고 그나름의
온갖 지식을 기울일 수 있다.

특히 프로야구가 시작되면 아마추어 평론가들이 텔레비전
앞에서 이것저것 거드름을 피우며 설명을 시작한다. 그들에게

걸리면 어떠한 명감독, 명선수도 형편없이 된다. '이겨서 기쁨의 눈물, 저서 분한 눈물', 프로야구 뉴스를 보면서 그 여운을 즐긴다. 다음 날은 스포츠 신문이다. 응원하는 팀이 이겼을 때의 스포츠 신문만큼 읽어서 즐거운 것은 없다. 그것만으로 만족할 수 없어지면 이번에는 구장(球場)으로 떠난다. 거기에는 동호인이 모여 있고 혼자서 텔레비전을 보고 있었을 때와는 다른 즐거움이 생겨난다. '타이거즈' 팬도 한 패가 있으니까 구장에 모여든다.

- **혼잡 센트럴 결전, 신궁(神宮)구장을 엄중경계, 의외로 팬들은 정연했다**

  프로야구 센트럴 리그의 우승을 좌우하는 야쿠르트－한신(阪神) 2연전(連戰)의 초전은 야쿠르트가 1대 0으로 제압했다. 6일밤의 도쿄·신궁구장은 팬의 폭주를 경계하여 삼엄한 경비태세를 폈으나 한신 팬도 정연하게 승부를 지켜보아 제1라운드는 혼란 없음.

  경시청 시타니(四谷)경찰서는 같은 날 기동대 50명의 지원을 받아 보통때의 10배에 해당하는 120명의 경찰관을 보냈다. 구장측도 열광적인 팬이 많은 외야석의 앞 3열을 공석으로 하고 관객의 그라운드 침입을 방지하기 위해서 높이 1.5미터의 방어네트를 설치했다. 그 앞에는 많은 경비원을 배치했다. 동 구장에 따르면 이만큼의 엄중 경계태세는 86년, 히로시마(廣島)가 동 구장에서 우승을 결판낸 시합 이래라고 한다.　　　　　　　　　　　　　　　　　　　(이하 생략)

  　　　　　　　　　　　　(아사히 신문, 1992년 10월 7일, 조간)

야구 하면 미국이 본고장이다. 미국인에게 가장 인기있는 스포츠는 야구라고 일컬어지고 있는데, 마케팅 연구자 여진 (Yergin, M. L., 1986)에 따르면 연간 2100만 명 이상의 사람이 1회 이상 대 리그의 시합 관전에 나섰다는 것이다. 2위는 미식축구 중 프로축구(950만 명), 3위는 대학대항전 축구(930만 명), 4위는 대학대항전 농구(760만 명), 5위는 프로농구(640만 명)라는 것이다.

또 이 논문에서는 인구통계학의 입장에서 미국인의 스포츠에 대한 기호가 여러 가지 각도에서 분석되어 있어 예컨대, ① 대학 졸업 이상의 고학력자는 테니스, 대학대항전의 축구나 농구를 좋아하고 고교 졸업 정도의 사람은 레슬링을 좋아한다는 것, ② 전체적으로 남성은 스포츠를 좋아하고 여성은 스포츠를 싫어하는 경향을 볼 수 있다는 것, ③ 고소득자(연수입 4만 달러 이상)는 아이스하키, 프로축구, 대학대항전 축구를 좋아하지만 권투나 레슬링은 싫어한다는 것. 한편 저소득자(연수입 2만 달러 이하)가 좋아하는 것은 레슬링이고, 중소득자(연수입 2만~2만5천 달러)는 프로축구와 프로농구를 좋아한다는 것, ④ 북동부에 거주하는 사람들은 아이스하키를 좋아하고, 서부에 거주하는 사람들은 골프, 프로농구, 프로축구를 좋아하며, 중서부에 거주하는 사람들은 야구를 좋아한다는 식이다.

이것은 객관적인 지표에 의거한 팬의 분류이지만 경기장에 찾아오는 팬의 심리적인 동기에 대해서는 어떠할까.

스릴? 흥분? 카타르시스(catharsis)? 스트레스의 발산? 동료와의 연대? 도대체 무엇이 경기장까지 발걸음을 옮기게 하는 이유일까?

미국의 사회심리학자 슬론(Sloan, L.R., 1989)은 이제까지의 이론이나 설명을 다음의 5개로 분류하고나서 그 중 어느 것이 가장 현실을 잘 파악하고 있는지 품평하기로 했다. 즉 "이론도 현실에 맞지 않으면 소용없다"는 것이다. 그래도 이론을 고집하는 것은 본인의 자유지만 그것은 이미 학문의 세계는 아니고 신앙심의 세계이다.

① 스포츠는 쾌감을 가져오고 신체 및 정신적인 건강을 증진한다.

② 사람들은 사회적으로 허용되는 형태로 스트레스나 흥분을 구한다.

③ 스포츠는 사람들의 공격 욕구를 발산시켜 카타르시스 효과를 가져온다.

④ 스포츠는 그 자체가 즐겁다

⑤ 사람들은 이길 것을 바라고 또는 그 여운에 잠기기 위해 스포츠에 참가(관전)한다.

구체적인 연구에 즈음해서는 경기의 성격이나 룰의 차이 등을 고려해서 농구, 축구, 여홍으로서의 권투시합을 채택하기로 하고 각각의 시합을 관전하려고 온 사람들에 대해서 시합 개시전과 종료 후에 '지금의 기분'을 4단계로 회답하도록 요구하였다(Ⅶ-3).

그 결과에 따르면 ⑤에 가장 잘 들어맞고 팬은 자기들이 응원하는 팀의 승리를 관람하기 위해 경기장을 찾아 온다는 것이다.

Angry	Hostile	Discouraged	Irritated
Frustrated	Sad	Upset	Tired
Happy	Satisfied	Pleased	Confident
Energetic	Benevolent	Calm	Tense

(주) 각 피험자는 이 리스트를 사용하여 '지금의 자기 기분'을 각 4단계로 체크하도록 요구되었다.

Ⅶ-3. 조사에 사용된 체크 리스트(Sloan, 1989)

물론 시합에는 으레 승부가 따라다닌다. 이기면 만만세이지만 지면 제멋대로 트집을 잡는다. 상대팀이 더티 플레이(dirty play)를 했다든가 심판이 불공평했다든가, 자기편 팀이 운이 없었다 등 패배한 이유는 얼마든지 있다.

오스트레일리아의 사회심리학자 만(Mann, L., 1974)은 오스트레일리안 풋볼의 결승전에 찾아온 관객을 상대로 시합이 끝난 후 인터뷰를 실시했다.

그 결과에 따르면 진 팀의 팬은 그 이유를 '심판의 불공평', '상대 팀의 더티 플레이', '자기편 팀에 운이 따르지 않음'에서 찾고 있었다(Ⅶ-4).

		패배 팀(n=31)	중립(n=38)	승리 팀(n=47)
상대 팀의 반칙에 따른 페널티 킥의 수 (추정)	패배 팀	27.1	30.1	30.1
	승리 팀	37.9	32.7	28.1
승인(勝因)	ⓐ 기술, 노력	40%	74%	93%
	ⓑ 심판의 실수, 운	60%	26%	7%
심판의 기술(5단계 평정)		3.6	3.6	3.9
더티 플레이를 보았는가	ⓐ 보았다	23%	18%	7%
	ⓑ 보지 못했다	77%	82%	93%
좋은 시합이었는가(3단계 평정)		2.9	2.8	3.0

(주) 실제로 얻은 페널티 킥의 수는 패배 팀이 27, 승리 팀이 23.

Ⅶ-4. 승부에 대한 팬의 반응(Mann, 1974)

팬이 열광적이면 그럴수록 팀으로서는 질 수 없게 되는 것이다. 내고장에서의 게임이면 더욱 그러하다.

미국의 사회학자 슈바르츠와 바스키(Schwartz, B. & Barsky, S.F., 1977)는 집단 스포츠에 있어서 '내고장의 이점(home advantage)'이라고 하는 현상을 볼 수 있는지 어떤지를 검토하였다.

구체적으로는 ㉮ 야구(1971년도에 행해진 대 리그때 시합의 97%에 해당하는 1880시합의 결과), ㉯ 프로축구(1971년도의 182시합 전부의 결과), ㉰ 대학대항전 축구(1971년도의 910시합의 결과), ㉱ 아이스하키(1971~72년도의 시즌에 행해진 전 시합의 87%에 해당하는 542시합의 결과), ㉲ 농구(1952~66년도에 걸친 필라텔피아 근교의 5개 대학대항전 1485시합의 결과)를 채택하여 게임은 어느 팀의 홈 그라운드에서 행해졌는가, 승패는 어떠하였는가, 대전시점에 있어서의 양팀의 성적, 순위, 관객수 등을 체크했다.

그 결과 다음의 것이 밝혀졌다.

① '내고장의 이점'이라는 현상은 스포츠의 종류에 따라서 다르고 아이스하키나 농구라고 하는 실내 스포츠에서 현저하다는 것(Ⅶ-5).

	야구	프로축구	대학축구	아이스하키
승리	53%	55%	59%	53%
패배	47%	41%	40%	30%
무승부	—	4%	1%	17%

Ⅶ-5. 홈팀의 승패(Schwartz & Barsky, 1977)

② '내고장의 이점'이라는 현상은 홈팀이 공격에 들어갔을 때 나타난다는 것

③ '내고장의 이점'이라는 현상은 홈팀이 강하고 상대 팀이 약할 때에 현저하다는 것(Ⅶ-6).

④ '내고장의 이점'이라는 현상은 홈팀 팬의 열광적인 응원에 따르는 바가 크다는 것이다.

그러나 내고장 팬의 응원도 도가 지나치면 역으로 홈팀에

홈팀	대전팀	승률(시합수)
상위 클래스	상위 클래스	52% (401)
상위 클래스	하위 클래스	60% (558)
하위 클래스	상위 클래스	48% (519)
하위 클래스	하위 클래스	52% (400)
전　　체		53% (1878)

(주) 1971년도의 대 리그의 시합 결과에 의거한다.

Ⅶ-6. 대전시점에서의 순위에 의거한 홈팀의 승률
(Schwartz & Barsky, 1977)

대한 압력으로 바뀌어버려 편드는 것이 도리어 불리하게 끝나는 일이 있다.

　미국의 사회심리학자 바우마이스터와 슈타인힐버(Baumeister, R. F, & Steinhilber, A., 1984)는 대 리그의 월드 시리즈를 채택하여(이 시리즈는 1, 2, 6, 7회전과 3, 4, 5회전은 각각의 팀의 홈 그라운드에서 행해진다) 내고장 팬의 열광이 선수들에게 어떠한 영향을 미치는가를 분석했다. 분석의 대상이 된 것은 1924~82년의 월드 시리즈이고, 한쪽 팀의 4연승으로 끝난 시리즈는 힘의 차이가 지나치다는 이유로 분석에서 제외되었다.

　그 결과로부터는 ① 홈팀은 최초의 1, 2회전은 이기지만 최종전은 지는 경향이 강하다는 것, ② 특히 제7회전까지 갔을 때에는 홈팀이 패배하는 확률이 높다는 것이 밝혀졌다(Ⅶ-7).

	홈팀의 승리	원정 팀의 승리	홈팀의 승률
제1회전, 제2회전	59	39	60.2%
최종전	20	29	40.8%
제7회전	10	16	38.5%

(주) 한쪽 팀의 4연승으로 끝난 월드 시리즈 10회분에 대해서는 분석에서 제외.

Ⅶ-7. 월드 시리즈에서 본 홈팀의 성적(1924~1982)
(Baumeister & Schteinhilber, 1984)

거듭 상세히 분석해 보면 상대 팀이 3승 2패로 리드하고 있고, 홈 그라운드에 돌아온 제6회전의 홈팀의 승률은 7할을 넘고 있었던 것에 반해서 역으로 홈팀이 3승 2패로 리드하고 있고 '이 시합에서 이기면 우승'이라는 상황에서 홈 그라운드에서 대전할 때의 승률은 4할이하였다(Ⅶ-8).

이러한 것으로부터도 내고장에서 좋은 부분을 보여주려고 하는 선수의 심리와 그들을 이기게 하려고 하는 내고장의 팬의 응원이 상승 효과를 가져와 선수들에게는 강한 압력으로 작용하는 것을 알 수 있다.

	홈팀의 승리	원정 팀의 승리	홈팀의 승률
홈팀이 2승 3패의 성적으로 제6회전을 내고장에서 맞이했을 때 (지면 끝장)	16	6	72.7%
홈팀이 3승 2패의 성적으로 제6회전을 내고장에서 맞이 했을 때 (이기면 우승)	6	10	37.5%

Ⅶ-8. 월드 시리즈 제6회전에서 보는 홈팀의 성적
(Baumeister & Schteinhilber, 1984)

3. 훌리건의 폭동은 왜 일어나는가

매스컴은 응원하는 팀이 패배한 화풀이로 난동을 부려 경찰 신세를 지는 패거리에 대한 것을 훌리건(hooligan)이라 부르고 있다.

일본에서는 색다른 호칭이지만 본고장은 영국이다.

영국의 사회심리학자 마슈(Marsh, P., 1976)에 따르면 훌리건 이라고 하는 호칭은 1970년경부터 영국의 신문이나 텔레비전

에서 사용하게 된 것으로 그 어원은 19세기의 런던에 살고 있었던 일정한 직업 없이 불량한 짓을 하는 아일랜드계 가족의 성, Houlihan에서 유래하는 것이다. 말하자면 '불한당'이라든가 '똘마니'라고 하는 것과 비슷한 말이다.

그들의 활동 무대는 사커(soccer)장이고 자기편의 응원보다도 대전 팀 팬과의 전투가 주목적으로 되어 있다.

예컨대, 1985년 5월 11일 블랫포드의 사커장에서 화재가 발생하여 52명의 사망자가 나온 사건이 있었는데, 일설로는 팬끼리의 난투때 연막탄이 투입된 것이 원인이라고도 일컬어지고 있다. 또 1989년 4월에는 쉐필드의 사커장의 담장(펜스)이 무너져 관객 74명이 사망한 것이다. 이것도 또한 팬끼리의 소동이 원인이라고 한다.

한편 "사커 훌리거니즘"(soccer hooliganism)의 악명을 높인 것은 1985년도 유럽 챔피언즈 컵 결승전이 열리기로 되어 있던 벨기에의 헤젤(Heysel) 사커 경기장에서 일어난 대참사였다.

신문기사는 다음과 같이 전하고 있다.

• **팬 과열, 39명 사망**〔브뤼셀 29일〕

29일밤 벨기에의 수도 브뤼셀의 헤젤 사커 경기장에서 영국(리버풀)과 이탈리아(유벤토스)의 1985년도 유럽 챔패언즈 컵의 결승전 개시전에 흥분한 수천명의 영국 팬이 이탈리아측 응원석을 향해 쇄도하여 그 무게로 콘크리트 담장이 넘어져 그 밑에 깔린 39명이 사망하고 9명이 중태이며 250명이 넘는 중경상자가 나오는 대참사가 일어났다. 300명에 가까운 사상자를 낸 사커 소동은 유럽에서 예가 없다……

(마이니치 신문, 1985년 5월 30일, 석간)

이 사건에 대한 제재조치로서 유럽 사커연맹은 모든 영국 클럽 팀의 유럽 토너먼트에 출장 금지를 결정한 것이다. 제재 조치가 해제된 것은 5년 후의 일이지만 그때에도 리버풀의 출장 금지 조치는 계속되었다.

그러면 이러한 훌리거니즘의 횡행을 초래한 원인은 무엇일까. 영국 국내의 정치, 경제, 사회 조건이 복잡하게 얽힌 결과일 것이지만 그 배경의 하나로서 예로부터 내려온 젊은이관(觀)으로는 이해할 수 없는 새로운 형태의 젊은이들이 출현, 말하자면 '젊은이 문화(youth cultue)'의 등장을 들 수 있다.

1950년대에는 테디 보이즈 또는 테즈(Teddy Boys ; Teds)라 부르는 젊은이 1단(團)이 출현하여 동료끼리 다툼을 반복하거나 영화관의 좌석을 부수거나 장소를 가리지 않고 스피커의 볼륨을 올리고 춤을 추거나 때로는 외국인 이민을 공격하는 등 어른들의 빈축을 사고 있었다.

1960년대에 들어서는 새로이 모즈(Mods)라 부르는 1단이 등장하여 록커즈(Rockers)와의 사이에서 대립, 항쟁을 반복하였다. 그들도 또한 테즈와 마찬가지로 '대중 소비사회의 산물(産物)'이었지만 사커장은 아직 그 활동무대로는 되어 있지 않았다.

그런데 1960년대 후반이 되어서는 모즈와는 전혀 이질적인 타입에 속하는 스킨헤즈(Skinheads)가 등장한 것이다. 그들은 옛날 노동자 계급의 가치관을 전면에 내세우고 '남자다움(masculinity)'을 자랑거리로 삼았다. 한편 그들의 가치관에 반대하는 자에 대해서는 철저한 공격을 가하였다. 스킨헤즈의 주된 활동무대는 사커장이고 그들은 그곳을 자기들이 지켜야 할 테리토리(territory)로서 자리잡은 것이다. 그 때문에 스킨헤즈는

'훌리건의 대명사'로 간주되었다. 이러한 것은 그들과 같은 계층의 젊은이를 사커장으로 끌어 모으는 한편 그들보다 상위 계층의 사람들을 멀리하는 결과가 되었다.

이러한 훌리거니즘에 관한 해석·설명은 다음과 같이 정리할 수 있다.

① "소외된 노동자 계급의 젊은이들의 저항이다"라는 해석 ……사커가 근대적인 스포츠로서 발족하기 이전부터 그러한 구기(球技)는 노동자 계급의 스포츠였고, 클럽 팀도 또한 당초부터 우리 동네의 대표라고 하는 상징적인 존재였다. 그러나 근년의 클럽측의 영리주의는 그러한 그들의 신조를 자극하는 것이고 "훌리거니즘은 사커를 자기들의 수중에 되돌리려고 하는 그들의 항의운동이다"라고 주장한다.

② "의식화(儀式化)된 공격 행동이다"라는 해석……젊은이들의 폭력 행위를 말하기를 표현키 어려운 흉폭성(unexplained savagery)이라 하여 잘라버리는 매스컴의 논조에 대해서 잘 관찰하면 "그것은 납득이 가능하고 그들 나름의 의미 부여가 되어 있다"라고 주장한다. 예컨대, 마슈 등 (Marsh, P., Rosser, E. & Harre, R., 1978)은 그들과의 인터뷰나 행동 관찰 등을 통해서 ㉠ chant leaders(말하자면 응원단장), ㉡ aggro leaders(투쟁의 주역), ㉢ nutters(죽음을 두려워 하지 않는 무법자), ㉣ hooligans(동료를 웃기는 익살꾼. 여기서의 의미는 일반적으로 유포되는 훌리건의 이미지와는 다르다), ㉤ organizer(원정시합 때는 전차나 버스의 수배를 하거나 한다)라고 하는 역할 분담이 있음과 동시에 연령에 따라서 ① Novices(견습중인 자, 10~11세), ② Rowdies(한 사람 몫을 할 수 있다고 간주하여 능력·적성에

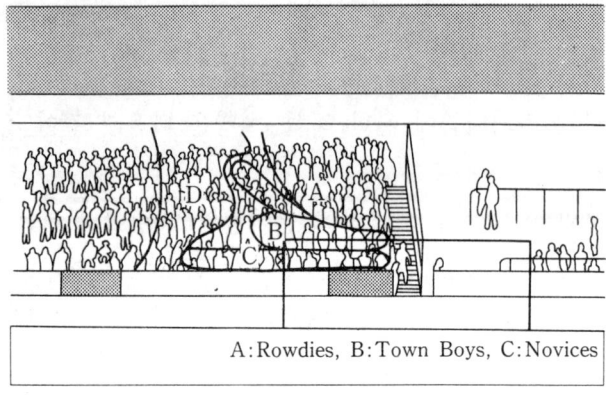

A:Rowdies, B:Town Boys, C:Novices

Ⅶ-9. 사커장의 훌리건(Marsh 외, 1978)

따라 실질적인 역할을 맡는다. 평균 연령은 15세), ③ Town
Boys(Rowdy 단계를 졸업한 자 중에서 동료로부터 높은 평
가와 존경을 받는 자. 연령은 19~25세)라고 하는 캐리어
형성의 프로세스가 있음을 지적하였다(Ⅶ-9).

③ "남자다움에 대해서 연연하는 것이다"라는 해석……훌리
거니즘이라 이름붙일 것까지도 없이 사커에는 관객의 소동
이 으레 따르기 마련이다. 그러나 그 발생건수에는 증감이
있어 제1차 세계대전 이전까지는 비교적 높은 수준으로 추
이(推移)하고 그 후 1950년대 후반에 걸쳐서 줄어들었으며,
1960년 이후 다시 상승으로 바뀐 것이다. 최근의 특징은 전
투집단의 편성이고 예컨대 West Ham United의 'Inter City
Firm(ICF)', Leeds의 'Service Crew'라고 한 것처럼 주요 클
럽 팀에는 전투 목적의 특별부대가 만들어져 있고 그들은
시합결과와는 관계없이 대전팀의 응원단을 해치우기 위한
계책을 이리저리 강구하고 있는 것이다(Ⅶ-10).

	인원수	%
① 전문직	0	0.0
② ①과 ③의 중간에 해당하는 직종	8	5.7
③ 숙련 노동자 ┌ 비현업	2	1.4
└ 현 업	34	24.1
④ 반숙련 노동자	10	7.0
⑤ 미숙련 노동자	25	17.7
실업자	32	22.7
분류 불능	30	21.2
합 계	141	99.8

(주) Registrar General's Classification에 따른 분류.

Ⅶ-10. West Ham ICF 중핵(中核) 멤버의 사회계층(Dunning 외, 1988)

이러한 행동에 대해서는 "그것은 영국사회에 있어서 강하게 지지되어 온 '남자다움'의 이미지를 체현(體現)한 것이고 (노동자 계급에서 특히 현저하지만) 그들이 사커장의 내외에서 행하는 전쟁 게임도 또(상대방 진지를 점거하는 것, 중과부적이더라도 최후까지 싸운다는 것, 결코 동료를 숙게 내버려 누지 않는다는 것) 그것을 상징적인 형태로 표현한 것이다"라고 설명하는 사람도 있다.

또한 훌리거니즘의 문제를 생각함에 있어서 중요한 것은 매스컴과의 관계이다. 자기들의 행위가 텔레비전에 방영되고 저널리즘이 떠들석하게 써대면 "자기도 해보고 싶다"라고 생각하는 자도 나온다. 타블로이드지(紙) 등은 매주 "훌리건의 프로그램"이라는 것을 게재하고 있고 주말에 있어서의 소동이 다음 주의 프로그램에 반영되는 식의 취급이다. 선동하고 있는 것인지 경고의 의미인지 이해하기 어렵다.

Ⅷ. 눈은 입만큼이나 말을 한다

1. '좋아함'을 만드는 방법

도쿄에는 텔레비전 채널이 많다. 채널이 많이 있으면 보고싶은 프로그램을 언제든지 볼 수 있다. 텔레비전 앞은 선택의 자유가 최대한으로 발휘되는 장소이다. 바야흐로 정보사회를 지향하는 곳이다.

그러나 잘 생각해 보면 정말 보고싶은 것을 보고 있는 것일까. 확실히 채널이 바뀔 때마다 프로그램은 바뀐다. 자못 선택의 자유를 즐기고 있는 것 같지만 실제로는 한정된 것 중에서의 선택밖에는 없다.

때로는 탤런트의 약혼 소동이 있었던 때와 같이 어느 채널도 같은 것밖에는 방송하고 있지 않는 때도 있다.

"무엇이 중요하고 무엇이 뉴스의 가치가 있는가"는 방송의 시점에서 결정되어 있고 시청자에게는 그러한 결정권은 주어져 있지 않다. 모르면 판단할 방법이 없다. 그러한 의미에서는 천하국가를 논해 보아도 그것이 텔레비전이나 신문 등에서 보고 들은 것을 그대로 옮겨 말하는 것에 지나지 않는 일이 있다. 요는 그것을 자각하고 있는지 어떤지이다.

- **뉴스 보도 잇쿄대생이 진단**

  잇쿄(一橋)대학의 학생이 텔레비전 보도국의 현장을 취재하여 뉴스 선택의 기준을 분석하여 보고서로 정리했다…연구에 달라붙은 것은 잇쿄대학 사회학부의 야자와 슈지로(矢澤修次郎) 교수, 세미나의 4학년생 12명. 작년 9월부터 연구에 착수하여 최근 연구 보고서 "뉴스 선택의 여러 가지 모습"(B5판, 231페이지)을 완성했다.

미국의 사회학자 하버드 간스의 문헌을 참고로 하여 매스미디어의 현장에 밀착하는 참여 관찰의 수법으로 뉴스 선택 요인의 수량화를 시도했다. 텔레비전 뉴스를 대상으로 한 '참여 관찰' 연구는 국내 최초라 한다.

대상으로 선정한 것은 후지 텔레비전, TBS, 니혼 텔레비전의 저녁 6시 뉴스. 비밀 유지 등을 위해 관계자외 출입금지의 보도국이지만 이해관계가 없는 학생이라는 것도 있어 협력을 얻을 수 있었다. 작년 11월부터 금년 3월까지 각 방송국에 5~10일씩 학생 2~3명이 아침 9시부터 저녁 8시까지 편집회의를 포함한 보도국의 제작과정을 관찰했다.

참여 관찰은 텔레비전 아사히를 더한 4사 보도국 총 96명에 대한 앙케트를 통해서였고, 뉴스 선택의 기준이 되는 요인으로서 네 가지 점을 들고 있다. 그것에 따르면 ① 흥미있는 영상이나 호기심을 만족시키는 동물, 예능 등의 기삿거리(흥미성), ② 발생한 지 얼마 안되는 사건(즉시성), ③ 뉴스 소재의 주체가 저명(저명성), ④ 일본에서 처음이라고 하는 새로운 전환점이 되는 사상(시의성)의 순으로 선택되는 비율이 높았다.

스포츠와 일기예보를 제외한 뉴스 항목의 분야를 NHK '19시 뉴스'와 비교하면 NHK가 정치, 경제(하드 뉴스)가 55%를 차지한 것에 반해서, 민영방송 3국에서는 25~35%였다. 반대로 생활·화제(소프트 뉴스)가 니혼 텔레비전과 후지 텔레비전에서는 30% 전후로서 NHK의 2배 가까이 되었다.

또 아사히, 요미우리, 마이니치의 당일 석간과 다음날 조간의 1면 톱으로 게재되면서 저녁 뉴스에서 취급하지 않았던 것의 8할 가까이가 정치·경제물이었다….

(아사히 신문, 1992년 12월 17일, 석간 'TV 스페셜'란)

이렇게 해서 보면 정보 조작(操作)이라고 할 정도는 아니더라도 매스컴을 통해서 전달되는 정보에는 약간의 바이어스 (bias, 편견)가 수반되고 있다. 이러한 것은 당장 매스컴의 존재를 부정하는 것은 아니고 오히려 민주주의 사회가 건전하게 기능을 하기 위한 보험(保險), 즉 '필요악'으로 생각해야 할 것이다. 물론 정도 문제는 있지만 국영방송만의 홍보사회보다는 낫다.

재미없는 국가체제를 찬미하는 텔레비전 프로그램이나 특집 기사가 얼마나 엉터리였는가는 공산주의 정권이 붕괴되어 비로소 밝혀진 것이다. 그러한 공산당 주도의 매스컴 대책은 공산주의 체제의 승리를 지향하는 프로퍼갠더(선전활동)의 일환으로서 자리잡게 되었던 것이고, 그것을 알았든 몰랐든 일본의 매스컴도 그 앞잡이 노릇을 한 일이 있었다. 견해를 바꾸면 마찬가지 일이 커머셜 메시지(Commercial Message ; CM)의 세계에도 적용된다. 특정 상품의 매상을 신장시키기 위해서 CM을 유포시키고 있고 시청자는 모르는 사이에 그 상품을 사도록 설득당하고 있는 것이다.

• **불황하에 'CM으로 판 상품'은······**

불황이라고 일컬어지는 가운데 CM으로 매상을 신장시킨 상품은—. 수도권에서 매월 텔레비전 CM의 인상 등을 조사하고 있는 토쿄기획이 '제1회 CM으로 판 히트 상품 '92'를 발표. 30개의 히트 상품과 5개의 특별상 '인정식(認定式)'을 거행하였다.

동사의 CM 테이터 뱅크는 86년부터 수도권의 1,000명에게 좋아하는 커머셜 등을 천거받는 조사를 실시. 90년부터 '히트 CM'을 선정해서 '인정'하고 있다. 그런데 '불황감이 세

지는 와중에 스폰서로부터 "CM의 이미지가 좋고 나쁨보다
도 실제의 효과를 알고 싶다"라는 소리가 높아져 처음으로
'히트 상품'을 발표했다.

　매월 조사항목 중 CM을 보고 그 상품을 "갖고 싶어졌다"
라고 대답한 구매의욕 환기율(喚起率)이나, CM에 대한 호감
률 등을 기초로 '92년에 도쿄의 키 스테이션에서 방송된
4416 브랜드(상표)를 381로 압축하여 실제의 매상을 조사해
서 30개 상품을 선정했다. 연간누계의 구매의욕 환기율이 최
고였던 것은 하기하라 켄이치(萩原健一) 등을 CM에 기용한
산토리(SANTORY)사의 「모르츠」로 50.9%. 매상도 '86년 발
매 이래 최고였다고 한다. 이 밖에 매상이 전년비 80% 증가
한 하우스 식품인 인스턴트 라면 등, 30개 상품 중 18개는
식품이나 음료로서 태반은 1,000엔 이하……

(아사히 신문, 1993년 1월 6일, 석간 'TV 스페셜'란)

　반복해서 같은 CM을 보고 있는 동안에 그 CM이 좋아진다.
처음에는 '가(可)도 불가도' 아니었던 것이 모르는 사이에 호의
적인 반응으로 바뀌어 버린다.

　미국의 사회심리학자 자욘스(Zajonc, R. B., 1968)는 이러한
현상을 '단순접촉 효과(attitudinal effect of mere exposure)'라 이
름을 붙여서 일련의 연구를 하였다.

　그 일부를 소개하면 우선 상관(相關) 연구로서는 154조의
반의어(反意語)의 리스트를 제시하여(예컨대, attentive-inatten-
tive, better-worse, honest-dishonest) '보다 호감이 가는 의미를
갖는 단어'를 체크시켰더니, 126조(組)에 대해서(81.8%) 사용
빈도와 호감이 가는 정도의 사이에 정(正)의 상관이 발견된 것
이다. 즉 "사용빈도가 높은 단어쪽이 보다 호감이 간다"라고

평정된 것이다. 또한 이러한 관계는 프랑스어, 독일어, 스페인어의 경우에서도 발견되었다.

한편 실험적 연구로서는 '외국어의 발음에 관한 실험'이라는 명목으로 미국인 학생(피험자)에게 터키어를 자극어(刺戟語)로서 제시하여 실험자가 그것을 발음하여 보인 후에 복창하도록 요구했다. 그때에 제시된 터키어는 실험자에 따라서 제시(출현) 횟수가 다르도록 조작되어 있었다(1, 2, 5, 10, 25회). 실험 종료 후 피험자는 이들 단어의 의미를 7단계의 척도(good-bad scale)로 평정하도록 요구되었다. 평정에 즈음해서는 실험에서 사용되지 않았던 단어도 포함되어 있었으나 이것은 제시횟수 제로에 해당하는 것이었다.

실험결과로부터는 제시횟수와 호감이 가는 정도의 사이에는 분명히 긍정적(positive)인 관계가 발견된 것이다. 즉 제시횟수가 많은 경우(5, 10, 25회)와 제시횟수가 적은 경우(0, 1, 2회)로 나눠서 각각의 호감이 가는 정도의 평정치(評定値)를 비교하였더니 어느 경우나 제시횟수가 많은 쪽이 호의도(好意度)가 높았다(Ⅷ-1).

다음으로 "이 결과는 단어의 발음의 난이도에 따른 것이다"라는 이의 신청의 옳고 그름을 체크하기 위해(발음이 쉬운편이 호감이 가는 평정을 받는다) 한자(漢字)를 자극어로서 같은 실험이 반복되었다. 이 실험에서는 읽는 법의 학습은 하지 않고 피험자는 한자가 제시될 때마다 그것에 주의력을 집중시키도록 당부 받았다.

실험결과로부터는 한자의 제시횟수와 그 호감이 가는 정도의 평정의 사이에는 다시 긍정적인 관계가 발견되고 있다(Ⅷ-2).

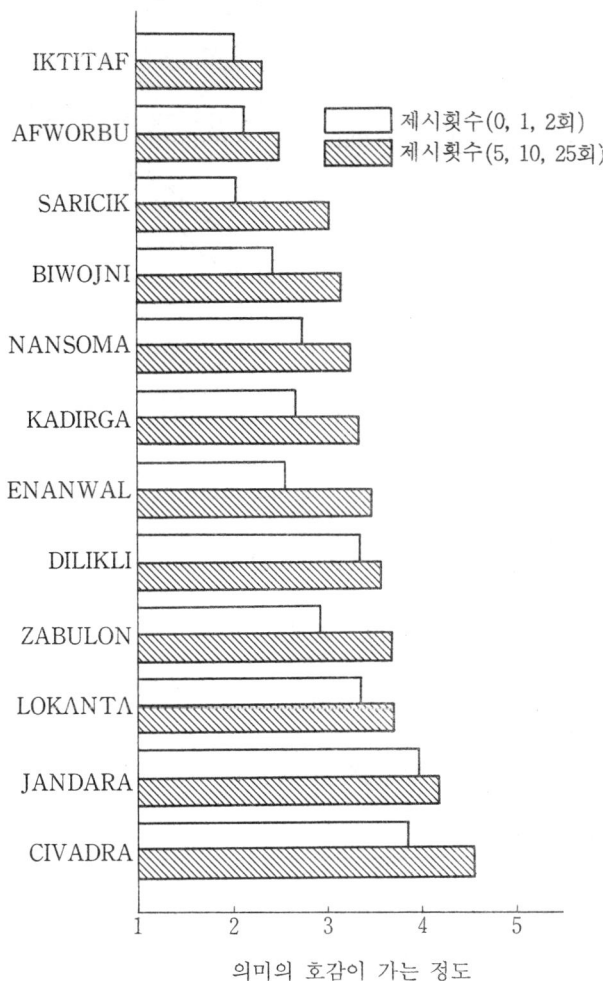

의미의 호감이 가는 정도

Ⅷ-1. 자극의 제시횟수와 호감이 가는 정도의 관계(Zajonc, 1968)

즉 제시횟수가 중요한 요인이고 발음의 난이도와는 관계가
없었다.

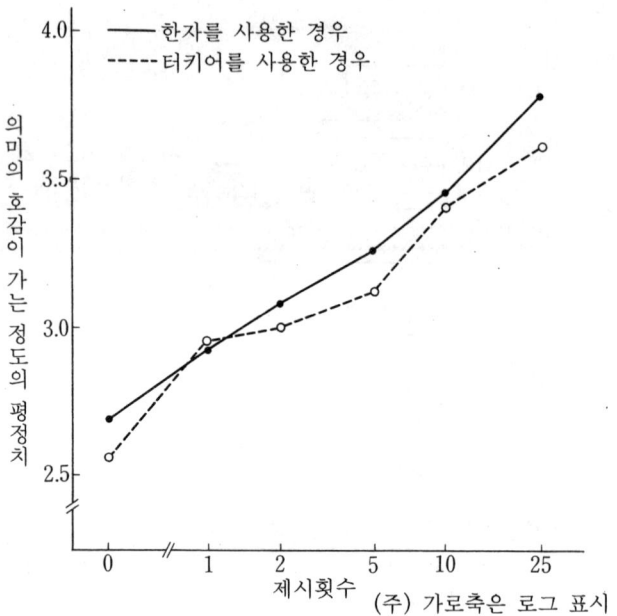

Ⅷ-2. 제시횟수와 호의도의 관계(Zajonc, 1968)

2. 회화는 눈으로 해요!!

야마테(山手)선과 게이힌도호쿠(京浜東北)선의 일부 구간처럼 병행(並行)해서 전차가 달리고 있을 때 심심풀이로 창 밖을 바라보고 있거나 하면 마찬가지로 밖을 보고 있는 승객과 시선이 마주치는 일이 있다. 시선이 마주치면 인사를 나누거나 서로 미소짓는 행동이 수반된다. 이것은 사회적인 습관이다.

그러나 전차 안에서는 거북하다. 창 너머로 큰 소리를 낼 수도 없고 절을 하려고 해도 발밑이 휘청거려진다. 또 그런 짓을 하면 곁에서 보고 있는 사람은 "머리가 이상한 것이 아닌가"라고 생각하게 된다.

"시선이 맞는다", "시선을 맞춘다"라고 하는 행위는 '아이 컨택트(eye contact)'라 부르고 있다.

옛부터 "눈은 입만큼이나 말을 한다"라든가 "눈은 마음의 거울"이라고 일컬어져 온 것처럼 눈을 통해서 얻는 정보는 매우 많다. '보면 안다'라는 표현도 인간이 시각우위형(視覺優位型)임을 보여주고 있는 것이다.

영국의 사회심리학자 아가일과 딘(Argyle, M. & Dean J., 1965)은 아이 컨택트에 관한 일련의 실험을 통해서 상호작용 장면에서의 아이 컨택트의 기능은 ㉮ 상대방의 반응을 탐색한다는 것을 포함해서 피드백(feedback) 정보를 얻는 것, ㉯ 자기쪽으로부터는 관계를 끊을 생각이 없음을 상대방에게 전하는 것이다 라고 언급하고 있다.

예컨대, 다음과 같은 실험이 있다(Ⅷ-3).

피험자는 '회화에 관한 실험'에 참가하기 위해 실험실로 찾아 갔더니, 먼저 온 손님이 있고 다시 또 한 사람의 피험자(실제로는 바람잡이)를 소개받았다. 두 사람이 참가하는 실험 과제는 한 장의 TAT 카드〔TAT의 정식 이름은 주제통각 검사(主題統覺檢査)로서 인격 검사의 일종임〕에 의거 이야기를 만드는 것이고 시간은 3분이었다.

그때 두 사람의 거리는 실험 조건에 따라서 2, 6, 10피트로 설정되었다. 또 실험중 바람잡이는 피험자쪽을 계속 보도록 요청되어 있었으므로 피험자가 3분간에 몇번 바람잡이쪽을 보았는가, 그때 그때의 초수(秒數)는 어떤가 라는 것이 일방향 거울(one-way screen)의 배후에 있는 관찰자에 의해서 측정된 것이다.

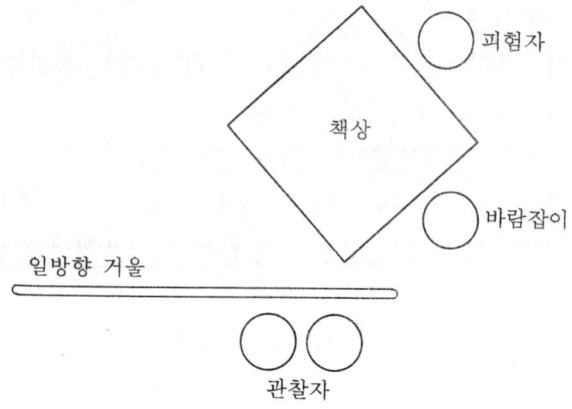

VⅧ-3. Argyle & Dean의 실험장면

실험 결과는 다음과 같다.

① 대인거리의 증대에 따라 아이 컨택트가 증대했다는 것 (VⅧ-4).

② 대인거리의 증대에 따라 응시(凝視)시간도 증가를 보였다는 것. 예컨대, 2피트에서는 평균 5.5초, 6피트에서는 평균 8.8초, 10피트에서는 평균 9.6초였다.

③ 성차(性差)는 보였지만 통계적으로는 유의(有意)는 아니었다는 것 등이다.

그런데 누군가가 보고 있다고 하는 상황은 사람들을 불안에 사로잡히게 한다. "자기가 무언가 나쁜 짓이라도 한 것일까?"라든가 "상대방은 도대체 무엇을 요구하고 있는 것일까"라고 생각하기 시작하면 불안은 더해질 뿐이다. 서둘러 그 자리를 떠나든가, 반대로 상대방을 노려보든가 한다.

그러나 후자의 경우에는 상당한 위험이 따른다. "노려 보았다"고 하여 반대로 트집을 잡히거나 생각지도 않은 분쟁에 말려들지도 모른다. 특히 검은 선글라스를 낀 젊은이에게는 주의

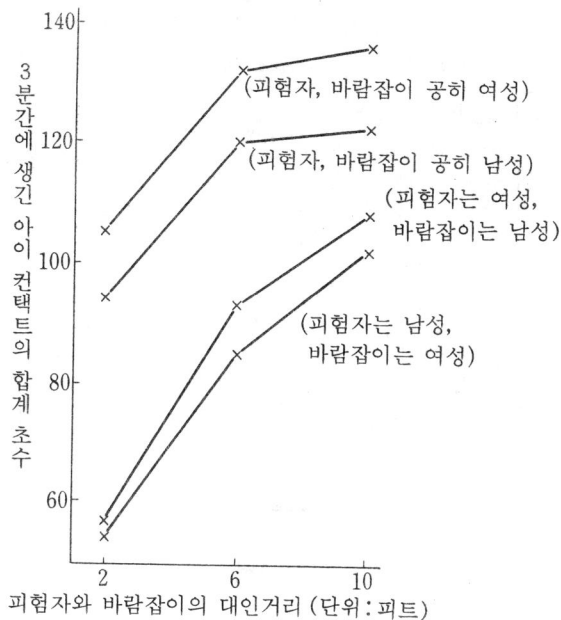

Ⅷ-4. 대인거리의 차이와 아이 컨택트의 관계(Argyle & Dean, 1965)

를 요한다.

미하시 돈야(三橋敦也, 1985)는 상대방이 보고 있다는 상황을 의도적으로 만들어내어 그때의 사람들의 행동을 관찰하였다(Ⅷ-5).

실험 장소는 패스트 푸드 숍(fast-food shop)의 A점으로 하고 거기에 찾아온 손님을 피험자로 하기로 했다(남·여를 포함한다. 연령은 불문). 피험자는 ㉮ 1명의 경우와 ㉯ 동반자가 있는 경우로 하여 무작위로 ① 아이 컨택트 1회 조건, ② 2회 조건으로 분담하기로 했다.

실험자(남성)는 우선 피험자(남자 또는 여자)와 아이 컨택트를 한 후 피험자의 눈에서 시선을 떼고 피험자의 시선을 감지

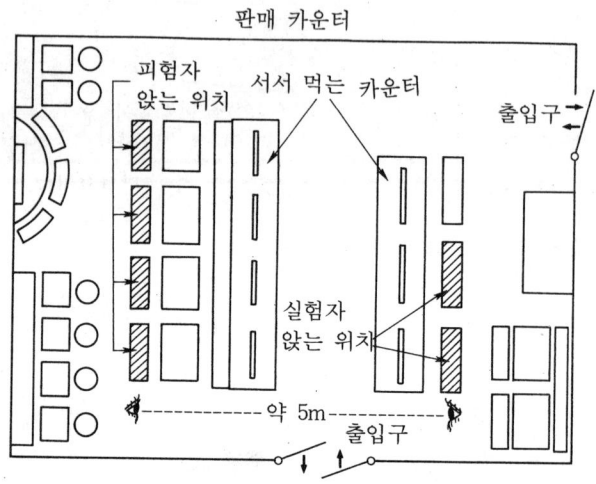

Ⅷ-5. 패스트 푸드 숍 A점의 겨냥도(미하시, 1985)

할 수 있을 것 같은 곳을 멍청히 주시하고 있는다. 그리고 3분
간 피험자가 실험자쪽을 몇번 보았는가를 체크하기로 하였다.
한편 2명 이상이 찾아온 손님의 경우에는 그 중의 1명을 피험
자(남자 또는 여자)로 하여 같은 절차를 반복하였다(Ⅷ-6).

실험은 이러한 상황 설정이 가능하게 되는 시간대에 행해
졌다.

피험자에서 제외된 것은 ㉮ 안경을 끼고 있는 사람, ㉯ 시선
의 방향을 분명히 확인할 수 없는 사람, ㉰ 외국인이었다.

실험 결과는 ① 남성 피험자쪽이 여성과 비교해서 자기를
보고 있다는 것을 의식한 경우 상대방을 되받아 보는 행위를
취하기 쉽다는 것, ② 아이 컨택트의 횟수가 많은 쪽이(1회 조
건보다 2회 조건 쪽이) 되받아 보는 행위는 많아 진다는 것이

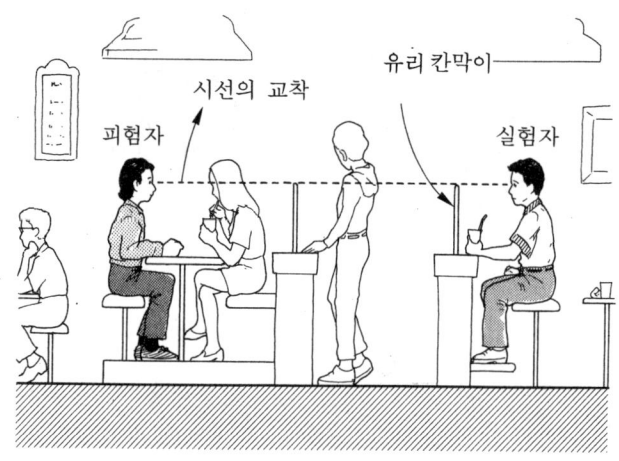

Ⅷ-6. 패스트 푸드 숍의 아이 컨택트(미하시, 1985)

밝혀졌다(Ⅷ-7).

이 결과에 대한 해석으로서 지적된 것은 ㉮ 남성의 경우 조금씩 간격을 두면서 음식을 먹고 있는 것에 반해서, 여성의 경우에는 최초부터 최후까지 믹는 것에 주의를 집중하고 있고 주위의 상황에는 그다지 흥미나 관심을 보이지 않다는 것, ㉯ 여성쪽이 누가 자기를 보고 있다는 것을 의식하는 정도가 낮은 것은 아닌가라는 것이었다.

당연한 것이지만 이 해석의 시비에 대해서는 금후의 연구를 기다리지 않으면 안되는 것이다.

이러한 아이 컨택트나 대인거리를 잡는 방법, 자세, 몸의 방향이라는 것은 통상의 구두언어(verbal communication)와는 달리 넌버벌 커뮤니케이션(non-verbal communication)이라 부르고 있다.

유독 이야기하는 것이 커뮤니케이션은 아니다. 말로 표현하

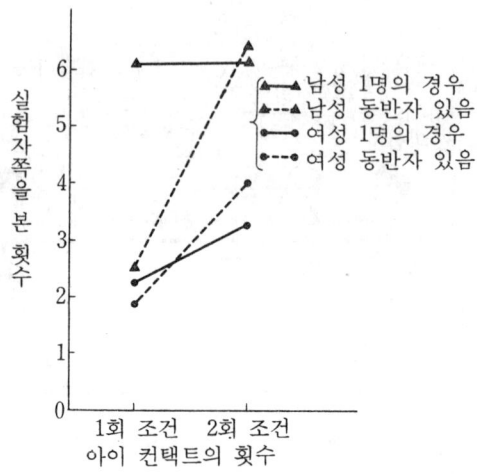

VIII-7. 아이 컨택트의 실험 효과(미하시, 1985)

면 체통이 안서는 것, 모가 나는 것 등, 그러한 것을 상대방에게 알아차리도록 하기 위해 사람들은 능숙하게 넌버벌 커뮤니케이션을 활용하고 있는 것이다.

3. 포르노는 정말 나쁜 것인가

어느 세상에서도 악서(유해도서)라 불리는 것은 존재한다. 그 시대의 권력자에게 있어서 불편한 것은 악서일 것이고 공공질서와 미풍양속에 반하는 것도 악서일 것이다.

문제는 그 한계를 짓는 방법이다. 분쟁이 일어나는 것은 어느 쪽이라고도 판단하기 어려운 경우이고, 말하자면 그레이 존(gray zone)에 속하는 경우이다.

• '음란성' 경시청 "시민의 의견을 듣습니다"

　　여성의 헤어가 노출된 사진집이나 영상 등을 둘러싸고 음
란성에 대한 논의가 높아지는 가운데 경시청 방범부는 25일
까지 개개의 출판물 등의 음란성에 대한 의견을 듣는 '풍속
문제를 생각하는 지식인의 모임'(가칭)을 설치하기로 결정했
다. 지식인이나 일반사람 중에서 약 20명의 위원을 선출하도
록 되어 있고 이미 취임의 내락을 받아 놓고 있다 한다. 경
찰의 독단으로 결정하는 것이 아니고 일반사회가 받아들이
는 방법에 의거해서 판단해 간다는 것이 목적이다.

　　'지식인의 모임'은 내년 4월에 발족할 예정. 사진가나 만화
가, 저널리스트, 출판관계자, 학자나 변호사, 교사, PTA, 부
인 단체의 대표 등 폭넓은 층에서 위원을 뽑는다.

　　정례회를 열어 검토가 필요한 출판물 등의 음란성에 대해
서 의견을 서로 내는 이외에 청소년에 대한 영향 등에 대해
서도 논의해 갈 방침이다. 경시청은 "모임으로서의 결론을
내리지 않고 최종적인 판단은 경시청이 하여 책임을 진다.
다만, 모임의 의향은 최대한 존중한다"라고 되어 있다…….

(아사히 신문, 1992년 12월 26일, 조간)

　　이러한 종류의 문제는 아무리 논의해 보아도 결론이 나오는
문제가 아니다. 원래 다수결이라고 하는 매사의 결정 방법에는
익숙하지 않기 때문이다. 거기에 '표현의 자유'라든가 '청소년의
건전한 육성'이라고 하는 이데올로기가 얽히게 되면 이미 끝장
이다. 논의를 진행시키기 위한 공통의 근거지가 없는 이상 상
호간의 신조나 생각을 부딪쳐 보아도 통합될 턱이 없다.

　　이러한 때야말로 사회과학이 그 전문성을 발휘할 찬스이다.
단순한 조사 확인이나 해설로 시종하는 것만으로는 학문이라

고 할 수 없기 때문이다.

미국에서 '음란문서나 포르노그래피의 문제에 관한 대통령 자문위원회'(The Commission on Obscenity and Pornography)가 설치된 것은 1968년의 일이다. 당시 존슨 대통령은 이러한 종류의 위원회 설치에는 마음이 내키지 않았다고 하는데, 의회의 요청에 따라서 18명의 위원을 임명하였다.

자문위원회의 중심이 되는 것은 '음란문서나 포르노그래피의 영향을 검토하는 소위원회'이고 이러한 종류의 문제가 사회과학의 연구 테마로서 처음으로 정식으로 채택된 것이다.

위원회는 2년 후에 답신서(答申書)를 제출하기로 되어 있었기 때문에 아주 급히 서둘러 연구 프로젝트에 착수하였다.

우선은 이제까지의 연구 결과를 정리하는 것이었는데, 거기에서는 다음과 같은 식견이 얻어졌다.

① 인간의 성행동을 묘사한 문장이나 사진은 많은 성인에게 성적인 흥분을 가져온다는 것.

② 그러한 문장이나 사진에 대한 반응에는 남녀에서 차이가 있다는 것.

③ 성적인 자극에 대한 반응에는 개인차가 있다는 것.

④ 어떠한 사회적 맥락으로 그러한 문장이나 사진을 읽거나 보거나 하는가에 따라서 성적인 흥분의 정도도 달라진다는 것.

이다.

그러나 이 정도의 식견으로는 답신안을 정리하기에는 불충분하다고 판단되었기 때문에 답신에 필요한 데이터를 새로 직접 모으기로 하였다.

그 연구의 일부를 소개하면 다음과 같다.

① 18~21세의 독신의 남녀 대학생에게 에로틱(erotic)한 영

화를 관람시킨 실험에서는 남학생의 흥분의 정도는 7단계 평정으로 최빈치(最頻値)가 5, 여학생은 4였다.

② 동일 테마의 에로틱한 제재(題材)를 미디어(media)를 바꿔서 제시한 경우의 흥분도의 차이에 대해서는 남성의 경우는 슬라이드이든 이야기풍의 기술이든 같은 정도의 반응을 보여준 것에 반해서, 여성의 경우에는 이야기풍의 기술에 대해서 보다 높은 반응을 보였다는 것.

③ 남자 대학생을 피험자로 하여 그들에게 매주 월~금요일 동안 1일 90분간 1명만이 에로틱한 잡지나 영화 필름이 놓여져 있는 방에서 지내도록 요구하였다. 이때만은 마음이 내키면 무엇을 읽어도 괜찮고 무엇을 보아도 괜찮다고 한 것이다. 그 결과에 따르면 실험이 시작된 1주일째는 피험자의 대부분이 그러한 것을 읽거나 보거나 하면서 시간을 보내고 있었으나 2주일째가 되면 그러한 것에 대한 관심은 격감되고 3주일째가 되면 "보는 것도 싫다"라고 말하기 시작하는 사람도 나왔다.

자문위원회는 최종적으로 그 심의 내용을 10개 항목으로 정리하여 답신은 하였지만 그것들은 어느 것도 전원일치의 의견은 아니고 다수위원의 의견으로서 채택된 것이었다.

즉 "포르노그래피에 관한 오늘날에 있어서의 문제의 대부분은 사람들이 이러한 종류의 문제를 정면으로 받아들이려고 하지 않았던 데에 있다…. 사람들의 그러한 태도나 행동이 성의 문제를 은폐하거나 왜소화(矮小化)시키는 결과가 되고, 나아가서는 사회적으로 바람직스럽지 못한 사태를 초래하고 있는 것이다"라고 논하고 나서 "청소년이 성의 문제에 관심을 갖거나 흥미를 보이는 것은 당연한 일이고 오히려 건전한 발달을 보여주는 것이다"라고 단정하고 그를 위해서는 "그들에게 성에

대한 올바른 지식이나 정보를 주는 것이 긴요하다"라고 주장
하였다. 그 결과 답신 속에서 강조된 것은 성교육의 실시이고
학교 뿐만 아니고 가정이나 교회를 포함한 지역사회, 더욱이
정부기관이나 관계단체의 긴밀한 협력관계하에 ㉮ 성에 관한
올바른 지식이나 정보를 줄 것. ㉯ 성에 관한 다양한 사고 방
법을 서로 인정하도록 지도할 것을 설명하였다.

한편 포르노그래피의 법적 규제에 관해서는 "포르노이건 무
엇이건 성인이 읽고 싶은 것을 읽고 보고 싶은 것을 본다고 하
는 개인의 자유는 누구라도 간섭할 수 없다…그러한 자유를
제한하는 법률은 국법이건 주정부법이건 즉각 폐지되지 않으
면 안된다"고 주장하였다. 다만, 현단계에서는 법률에 의한 규
제가 필요한 것으로는 ① 양친의 승락이 없는 경우에서의 미
성년자를 대상으로 하는 포르노의 판매 및 배포, ② 공중(公
衆)의 눈에 띄는 장소에서의 포르노의 전시 및 진열, ③ 본인
의 승락없이 포르노를 우송하는 포르노의 판매행위를 들었다.

오늘날에도 충분히 통용되는 내용이었지만 '포르노의 규제
강화'를 주장하고 있던 의회 및 닉슨 대통령으로서는 결코 받
아들일 수 없는 것이었다. 그들은 답신서의 접수를 거부함과
동시에 자문위원회를 직무태만으로 비난하는 결의안을 채택하
였다.

그 이후 포르노그래피의 법적 규제문제는 그다지 논의되는
일은 없었으나 레이건 대통령때에 미제 법무장관하에 자문위
원회가 설치되었다. 그러나 이 미제위원회(Meese Commission)
는 문제의 해결보다도 그 어려움을 부각시키는 결과가 되어버
렸다.

마지막으로 포르노그래피의 영향의 유무를 다룬 최근의 사
회심리학 실험을 소개하고자 한다.

미국의 사회심리학자 질만과 브라이안트(Zillmann, D. & Bry-ant, J., 1982)의 실험은 포르노그래피가 남녀관계 및 여성에 대한 태도에 어떠한 영향을 미치는가를 밝히는 것이 목적이었다.

피험자는 동부의 대학에 다니는 학부생이고 남녀 각 80명이 4개의 조건의 어느 것인가에 할당되었다. 그 중의 3개 조건은 실험군이 되어 6주간에 걸친 실험 세션(session)에 참가하게 되었다.

㉮ Massive exposure(대량 접촉) 조건…피험자는 각 세션에 대해서 8분짜리 포르노 영화를 6편씩 보고 미적(美的) 관점에서의 평가를 내렸다. 이 조건의 피험자는 6주간에 36편의 포르노 영화를 본 것이 된다(합계 시청시간은 4시간 48분이다)

㉯ Intermediate exposure(접촉) 조건…피험자는 각 세션에 대해서 3편의 포르노 영화와 3편의 오락 영화를 보고 각각에 대해서 미적 관점에서의 평가를 내렸다. 이 조건의 피험자는 6주간에 18편의 포르노 영화를 본 것이 된다(합계 시청시간은 2시간 24분이다).

㉰ No exposure(무접촉) 조건…피험자는 각 세션에 대해서 6편의 오락 영화를 보고 각각에 대해서 미적 관점에서의 평가를 내렸다.

㉱ Control(통제) 조건…피험자는 실험 세션에는 참가하지 않고 종속변수의 측정에만 참가하게 되었다.

실험은 6주간에 걸친 실험 세션 후에도 다시금 3주일간 계속되고 그 사이에 종속변수의 측정을 행하였다. 종속변수는 ㉮ 다양한 타입의 성행동이 사람들 사이에서 실천되고 있는 정도의 추정, ㉯ 히치하이커의 강간사건을 문제삼은 신문기사를 읽고 가해자에게는 어느 정도의 징역형이 타당한가의 판단, ㉰

페미니즘 운동에 대한 태도 측정이었다.

각 실험군의 피험자는 이 후에 새로운 포르노 영화를 보게 되고, ㉣ 그것에 대한 스스로의 반응, ㉤ 포르노 규제안에 대한 스스로의 태도를 최종적으로 체크하였다.

	No exposure	Intermediate	Massive	Control
불쾌하다	75.2	42.9	26.3	68.8
포르노적이다	70.1	47.3	28.9	68.2
미성년자에 대한 규제에 반대	83.5	58.6	36.8	76.4
방송 규제에 반대한다	80.5	61.2	43.6	80.5

(주) 숫자는 0~100

Ⅷ-8. 포르노 영화의 시청시간과 포르노 영화에 대한 태도
(Zillmam & Bryant, 1982)

주된 실험 결과는 다음과 같다. 즉 비교적 단시간 동안에 대량의 포르노 영화를 본 것에 대한 결과로서(massive exposure) 다음과 같은 영향이 발견되었다(Ⅷ-8).

① 현실에는 드문 성행동이나 성풍속이 마치 일반적인 것 같은 인상을 가졌다는 것(이것은 남녀 모두에게 같은 결과였다).

② "포르노는 눈에 쌍심지를 켜고 대소란을 피울 것은 아니다"라고 하는 방향으로 태도 변화를 가져왔다는 것(이것은 남녀 모두 같은 결과였으나 성차에 대해서는 여성쪽이 "보다 불쾌하다"라고 평정하고 있었다는 것)

③ 강간사건의 중대성의 판단에 관해서는 그것을 보다 가벼운 죄로 간주하는 경향을 볼 수 있었다는 것(이것은 남녀 모두 같은 결과였으나 성차에 대해서는 여성쪽이 엄격한

견해를 갖고 있었다는 것)

④ 피해자의 여성에 대한 엄격한 견해가 여성일반으로 확대
되어 예컨대, 여성해방 운동에 대한 지지가 낮아졌다는 것
(이러한 경향은 남성에서 현저하였다)이다.

물론 이러한 종류의 실험 결과를 단번에 현상(現狀)에 해당
시켜 세상사를 운운할 수는 없다. 그 전에 먼저 '외적 타당성
(external validity)'의 문제를 분명히 하지 않으면 안되기 때문
이다. 즉 실험실 상황과 일상장면의 차이이고 전자가 후자의
특질을 충분히 고려한 상황 설정으로 되어 있는지 어떤지, 결
론은 타당한지의 검토가 요구된다.

그런데 사람들의 생활에 큰 영향을 미치는 사회정책의 입안,
결정이 여전한 임시 변통이거나 집단 무책임주의에 맡겨지고
있는 현상(現狀)은 바람직스러운 것은 아니다. 정책 결정의 합
리성, 책임의 명확화를 도모하기 위해서도 사회과학(사회심리
학도 포함)의 적극적인 관여가 요구된다. 이러한 것은 또 사회
과학의 전문성을 높이는 것으로도 된다.

Ⅸ. 집단의 힘은 산도 움직인다

1. 집단이라는 무서움

산수의 세계에서는 1+1=2, 1+2=3이다. 1은 1이고 그 의미하는 바는 바뀌지 않는다. 그러나 사회생활에 있어서는 1이 언제까지나 1이라고는 할 수 없다. 어떤 수를 넘으면 그 의미가 바뀌는 일이 있다.

개점 전의 터미널 빌딩에서는 손님과 안내양 사이에 재미있는 광경을 볼 수 있다. 안내양은 통로의 양쪽에 늘어서서 손님을 맞이할 준비를 하고 있지만 유리창 너머로 보이는 손님과는 눈이 마주치지 않도록 하고 있다. 눈이 마주쳤다해도 "어디서 굴러먹던 말뼈다귀야"라는 식의 취급이다. 손님쪽은 "자기의 역할은 무엇인지"가 분명치 않기 때문에 정말 어중간한 상태로 개점을 기다리고 있다. 그것이 개점하는 바로 그 순간 점원과 손님의 관계로 일변한다. 훌륭한 역할의식이다. 점포에 찾아온 이상 손님은 손님이고 하느님이다. 그러나 그것도 보너스 시즌과 같은 번망기(繁忙期)에는 바쁜 나머지 '하느님에서 대중으로'로 격하되어 버린다. 적정한 인원수를 넘는 바로 그 순간 종전의 역할관계를 유지할 수 없어지기 때문이다.

그런데 '홍일점'이라는 말이 있다. 남성 속에 여성이 1명 있는 상황을 가리키고 있는 것이겠지만 이러한 가운데서 여성의 태도는 훌륭하다. 비록 자기 혼자라도 두려워할 것이 없다. 그것과는 달리 남성은 패기가 없다. '청일점'의 상황에 견디지 못하여 차례로 탈락해버린다. 남자고교에서 남녀공학으로 옮겨가는 것은 비교적 순조롭게 진행되었지만 여자고교의 남녀공학화는 난제(難題)이다. 입학 당시에 남학생이 3할 이상 없으면 남학생은 살아져 버린다. 남자 또는 여자만의 집단은 단순한 인원수의 증가로는 설명할 수 없는 질적인 차이가 있는 것 같다.

미국의 사회심리학자 앗슈(Asch, S. E., 1955)의 유명한 동조성(同調性) 실험에서는 피험자는 길이가 다른 3개의 비교자극 중에서 표준자극과 같은 길이의 선분(線分)을 골라 내도록 요구 받았다. 과제 그 자체는 단순하고 잘못이 없는 것이었으나 실험에서 피험자는 자기의 차례가 오기 전에 동석한 다른 피험자(바람잡이)의 회답을 듣지 않을 수 없는 좌석으로 배치되었다.

실험자의 목적은 이 동석한 바람잡이가 알리는 잘못된 회답이 피험자에 대한 무언의 압력이 되어 동조행동(잘못이라고 알면서 그들과 같은 선택을 한다)을 끌어내는지 어떤지였다.

실험 결과는 바람잡이의 인원수의 증가에 따라 동조행동이 많아짐을 보여주고 있었다. 그러나 바람잡이의 인원수의 증가

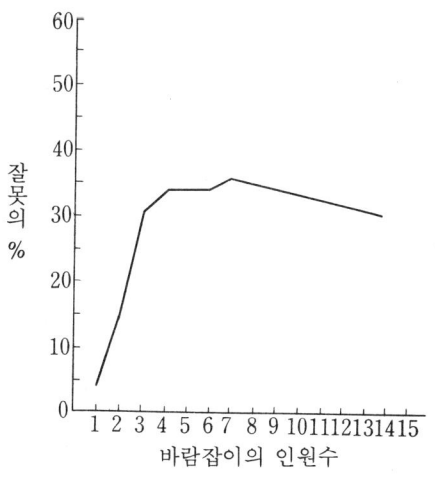

Ⅸ-1. 바람잡이 인원수와 동조행동(Asch, 1955)

가 가져오는 '동조에의 압력'에도 한계가 있어 7명일 때가 최고
였다(IX-1).

마찬가지의 것을 '집단무책임'이라는 현상에서도 찾아볼 수
있다. "누군가가 어떻게든 해주겠지"라고 생각하면서 누구도
아무것도 하지 않은채로 사태가 추이(推移)되는 경우이다. "그
때 저렇게 하고 있었으면"이라고 후회해 보았자 행차 뒤의 나
팔이다.

• 교문 압사사건 전 교사에게 유죄

효고(兵庫) 현립 고베 다카즈카고교(고베시 니시쿠)에서
지각 방지를 위한 교문 지도중 등교중인 1학년생 이시다 료
코양(당시 15세)을 거세게 닫는 철제 문짝에 끼어서 사망케
하였다 하여 업무상 과실치사 혐의로 기소된 전 동교 교사
호소이 도시히코(41)에 대한 선고공판이 10일 오전 고베 지
방재판소에서 있었다. 가토 미쓰야스 재판장은 "철제 문짝을
닫는 일은 문짝의 구조, 중량 등으로부터 생명·신체에 위해
를 끼칠 우려가 있고 업무에 해당한다"라고 한 다음 "학생
이 문을 향해서 뛰어들어올 것을 예상할 수 있었는데도 학
생의 안전을 경시하고 동정을 충분히 확인치 않음으로써 주
의의무 위반의 정도는 무겁다"라 하여 금고 1년, 집행유예 3
년(구형은 금고 1년)을 언도했다. 학교에 대해서는 "학생의
등교의 안전에 관한 배려가 부족했다"라고 언급하였다.

(아사히 신문, 1993년 2월 10일, 석간)

미국의 사회심리학자 라타네와 다알리(Latané, B. & Darley,
J.M., 1970)은 원조행동에 있어서의 '방관자 효과(bystander
effect)'의 문제를 채택하여 일련의 실험을 행하였다.

그 중의 하나를 소개하면 피험자인 대학생은 대학생활과 관련된 개인적인 문제를 토론하기 위해 실험실에 찾아왔다. 토론은 어색하거나 이야기하기 어려운 일이 없도록 하기 위해 각각 별실에서 마이크를 사용하여 진행시키기로 되어 있었다(실제로는 진짜 피험자 1명을 제외하고 다른 피험자는 테입 녹음이었다).

토론의 진행방법은 먼저 각 피험자가 차례대로 이야기한 다음 또 같은 순서로 다른 피험자가 이야기한 것에 대한 감상을 말한다. 그리고나서 자유로운 토론으로 옮긴다는 미리 짠 계획이었다. 사회(司會)는 자동 스위치에 의해서 진행되고 각 피험자의 마이크는 차례로 약 2분간 작동하고 한 마이크가 작동하고 있는 동안 다른 마이크는 작동되지 않도록 되어 있었다.

토론에서는, 발작을 일으키는 피험자가 먼저 이야기를 시작하여 "자기가 뉴욕이라는 도시에서의 생활과 면학(勉學)에 고생하고 있다는 것, 그리고 나서 무척 망설이고 게다가 어찌할 바를 모르면서 자기가 발작을 일으키기 쉽다는 것, 특히 공부 중이나 시험을 치르고 있을 때 발작이 일어나기 쉽다는 것"을 밝혔다. 그후 진짜 피험자를 포함해서 다른 피험자가 이야기를 진행시켰다(인원수는 실험 조건에 따라서 다르다). 진짜 피험자의 순서는 항상 마지막으로서 녹음되어 있던 바람잡이들의 발언이 끝나고 나서였다.

다시 발작을 일으키는 피험자에게 차례가 돌아왔을 때 그는 우선 조용히 조금 지껄이고 나서 차츰 목소리를 높여 뜻도 알 수 없는 것을 말하기 시작했다. "나는, 나는……우우우……잠깐……누군가가……에에에, 나는……지금……에에에……곤란한 일이……잠깐……누군가가……여기서부터 내서……아아아……어, 발작이야……누군가가……여기서부터……정말 살아난다

……우우우……(괴로운 듯한 숨결)……죽어……, 죽을 것 같다 ……살려……(다시 괴로운 듯한 숨결, 그리고 침묵).

종속변수는 발작을 일으킨 피험자가 두 번째의 발언을 시작한 때부터 피험자가 실험자에게 긴급사태를 알리기 위해 개실(個室)로부터 나올 때까지의 시간이었다.

또한 실험 조건으로는 토론에 참가하고 있는 피험자의 수가 ㉮ 2명의 경우(피험자와 발작을 일으킨 자), ㉯ 3명의 경우(상기 2명 이외에 미지의 사람 1명), ㉰ 6명의 경우(상기의 2명 이외에 미지의 사람 4명)가 설정되었다. 실험 결과는 다음과 같았다(Ⅸ-2).

① 자기밖에 없다고 생각한 피험자의 경우에는 그 85%가 발작이 그치기 전에(이야기가 시작된 지 약 70초에서 발작의 징후가 분명해지고 125초에서 갑자기 그쳤다) 긴급사태를 보고하기 위해 방을 나온 것에 반해서 자기 이외에 또 1명이 있다고 생각하고 있던 3명 조건의 피험자의 경우에는 62%, 그 밖에 4명이 있다고 생각하고 있던 6명 조건의 경우에는 31%였다.

그룹의 크 기	피험자수	발작중에 보고한 사람의 비율	6분 이내에 보고 한 사람의 비율	보고까지의 시간
2명	13명	85%	100%	52초
3명	26명	62%	85%	93초
6명	13명	31%	62%	166초

Ⅸ-2. 그룹의 크기와 보고의 유무 및 그 시간(Latané & Darley, 1970)

② 6분 이내(이것 이상에서는 실험 중단)의 보고율을 보면 2명 조건에서는 100%, 3명 조건에서는 85%, 6명 조건에서는 62%였다.

이상의 것으로부터 마침 긴급 장면 그 자리에 있는 사람이 많아질수록 반대로 원조의 손길이 뻗칠 가능성은 낮아진다는 것이 밝혀졌다.

정말 아이러니한 결론이다.

2. 권리는 좋고 의무는 싫다

무슨 일이 있을 때마다 돈이 든다. 쓰레기 문제, 교통 문제, 교육 문제…, 그 으뜸가는 것은 정치일까. 민주주의를 유지하기 위한 돈을 정치가 자신에게 부담시키는 것일까, 그렇지 않으면 세금으로 부담하는 것일까. 전자일 경우 로키드, 리쿠루트, 사가와큐빈사건 등, 돈에 관계되는 불상사는 없어지지 않을 것이다(Ⅸ-3).

후자일 경우 증세(增稅)는 불가피하다. 그것도 천정 부지가 되면 국민은 크게 반대한다.

"최소한의 부담으로 최대한의 되돌아옴"을 기대할 수 있으면 일이 잘 되어 가는 것이지만 그것은 '생떼거리'이다. 어디서 타결짓는가의 문제이고 아무튼 불평, 불만이 끊이지 않고 이어진다. 더구나 "다른 사람이 손해를 봐도 자기가 득을 보면 불만은 없다"라고 하는 시대의 추세에서는 반드시 남보다 앞질러서 일을 하는 자가 나타난다. 교묘히 약삭빠르게 처신하여 남을 이용해서 이익을 보려는 자도 나온다. 그러한 의미에서는 민주주의 사회라 해도 '약육강식'의 사회임에는 변함이 없다. 또 공산주의 사회의 붕괴 이후의 혼란은 이러한 인간의 욕망의 엄청남을 새삼스레 보여준 것이다. 동·서양을 통해서 인간

(단위=만 엔)

〈수 입〉	젊은 의원의 모임	유토피아	증감률(%)
공비(公費)	2,380	1,880	26.6
당·파벌에서	1,990.6	1,087.6	83.0
정치헌금	5,772.7	5,434.2	6.2
파티 수입	1,663.7	2,040.7	▽ 18.5
차입금	610.1	1,514.3	▽ 59.7
기타	961.1	746.8	28.7
계	13,378.2	12,653.8	5.7
〈지 출〉			
인건비	4,827.3	3,982.8	21.2
교통·통신비	1,913.1	1,993	▽ 4.0
사무실비	1,287.9	1,192.4	8.0
활동비	4,010.7	4,476.9	▽ 10.4
이월금 등	1,339.1	—	—
계	13,378.2	11,645.2	14.9

(주) 4사 5입하였기 때문에 내역과 합계는 일치하지 않는다. 수입 중 '공비'는
공설비서의 급여와 문서통신, 교통비, 의원세비는 포함치 않음.

Ⅸ-3. **젊은 의원 정치자금 수지의 비교** 〔'젊은 의원의 모임'
소속의 당선 1~3회의 대의사(代議士) 29명이 '91년 1
년 동안에 소요된 정치자금의 보고 및 '유토피아'에 소
속되는 당선 1회의 대의사 10명의 1989년의 것. 중복된
사람은 7명〕

의 본성에 관한 부분에 대해서는 차이가 없다.

사회 시스템의 유지를 위해서 돈이 든다고 하면 그것은 누
군가가 부담하지 않으면 안된다. 세금으로서 국민 전체에게 부
담을 요구하거나 그렇지 않으면 수익자 부담이라는 형태로 이
해관계자에게만 한정시키거나 한다. 후자라 할지라도 그것이
판매가격에 덧붙여지는 것이라면 전자와 다를 바가 없다. 당사
자가 모르는 사이에 계산서가 돌려지고 있는 것뿐이다. 그러한

가운데서 사회 시스템의 은혜를 입으면서 그 부담을 모면하려
고 하는 사람들에 대한 것을 '프리 라이더(free rider)'라 부르고
있다. 이러한 종류의 인간들이 많아지면 사회 시스템의 유지가
어려워지고 최종적으로는 파탄해버린다. '이제까지의 노력이
깡그리 허사가 되어 버리는'것인데, 그러한 것에는 생각이 미치
지 못하고 오로지 눈앞의 일밖에는 생각하지 않는 것이 그들
의 특징이다.

• **개찰기로 부정 승차 JR 동일본(東日本)**

　JR 동일본은 내년도중을 목표로 야마테(山手)선을 중심으
로 하는 일부 구간에서 정기승차권 등을 이용한 부정 승차
를 완전히 배제하는 대책을 세울 방침을 정했다. 자동개찰기
의 기록기능을 최대한 활용하는 '궁극의 부정 승차 대책'이
라 하여 입장권으로 입장하여 도중을 부정 승차한 뒤 정기
승차권으로 퇴장하는 방법은 불가능하게 된다. 1994년도에
는 도쿄권 전역으로 대상을 확대한다. 입장권의 유효 2시간
제도 등 금년도부터 동사가 내세워 온 부정 승차 대책은 이
것으로 완결된다.

　JR 동일본에 따르면 정기승차권이나 차표 이면의 자기면
(磁氣面)에는 자동개찰기의 개찰구를 통과할 때마다 그 역
이름이나 시간, 입장·퇴장의 구별 등의 정보가 기록된다. 통
상의 승하차라면 승차시(입장)와 하차시(퇴장)의 정보가 교
오로 세트로 기록된다. 그런데 입장권으로 입장하여 도중 구
간을 부정 승차한 뒤 정기승차권으로 퇴장하려고 한 경우
등은 입장의 기록이 없다. 이러한 '이상'이 나타난 경우 자동
개찰기의 문짝이 열리지 않도록 소프트를 변경한다. 열리지
않을 때는 역무원이 이유를 승객에게 묻는다. 부정 승차가

발각되면 규약상으로는 승차구간 운임의 3배를 지불하게 되고 정기승차권은 몰수된다……(중략)……동사의 시산(試算)으로는 부정 승차에 따른 연간 손해액은 약 300억엔. '손해액을 억제하는 것은 운임 인상에 의존하지 않고 수입 증대를 도모하는 것과 연결된다. 단속하는 것 같은 인상을 주어서는 곤란하므로 역무원에게는 겸허한 자세로 접하도록 철저를 기하도록' 하고 있다.

(아사히 신문, 1992년 9월 23일, 조간)

중국에서는 "착한 사람은 두 사람밖에 없다. 한 사람은 죽은 사람이고 또 한 사람은 아직 태어나지 않은 사람"이라는 속담이 있는 것 같은데, 이러한 현상을 실험적으로 채택한 것이 미국의 사회심리학자 잉그함 등(Ingham, A. G. et al., 1974)의 「사회적 꾀부림(Social loafing)」에 관한 연구이다. 그들은 "몇 사람이 함께 줄을 잡아당겼을 때 그 그룹 전체가 잡아당기는 힘은 각각이 단독으로 줄을 잡아당기는 힘의 합계보다 작아진다"라는 독일의 심리학자 링겔만(Ringelmann)의 실험 결과를 연구의 출발점으로 하였다.

링겔만의 실험 결과에 따르면 혼자서 줄을 잡아당길 때의 힘을 100으로 했을 때 두 사람은 93, 세 사람은 85, 여덟 사람일 때는 49가 되었다.

이 결과의 해석을 둘러싸고 "인원수가 많아지면 힘을 합쳐서 줄을 잡아 당기는 타이밍을 잡는 것이 어려워진다. 그러한 타이밍의 엇갈림 때문에 잡아당기는 힘이 분산되어 자못 꾀를 부리고 있는 것처럼 보인다"라는 해석도 성립될 수 있다. 그래서 잉그함 등은 최대 6명이 한번에 줄을 잡아당길 수 있고 게다가 그 장력을 전기적으로 측정할 수 있는 장치를 고안한 것

이다. 또한 줄을 잡아당기는 인원수는 바람잡이의 학생을 사용
해서 조정하기로 하여 피험자는 정말로 몇 사람이 잡아당기고
있는 것으로 굳게 믿고 있었다. 그 결과를 보면 1명일 때와 비
교하면 3명에서는 15~18%의 감소를 보였고, 거듭 인원수가
증가하면 감소율은 직선경향이 아니고 곡선경향을 보였다
(Ⅸ-4).

　이렇게 보면 세상에는 짐을 메는 사람이 많아지면 그만큼
매달려서 떠들고 있기만 하는 자도 필연적으로 많아지는 것이다.

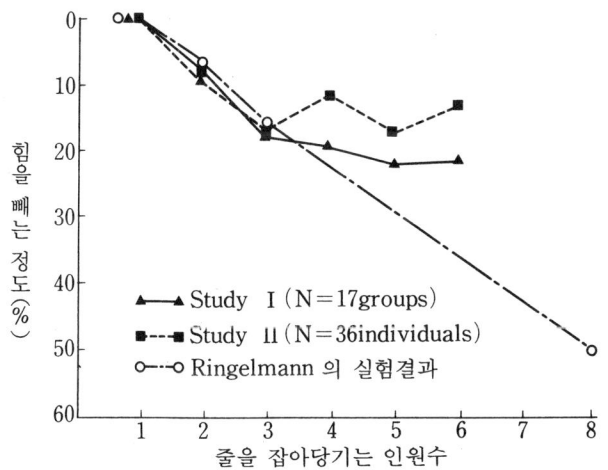

Ⅸ-4.　그룹 인원수와 잡아당기는 힘과의 관계(Ingham, A. G. 외, 1974)

3. 패닉은 어떻게 발생하였는가

　각자로서는 합리적인 선택이었어도 그것이 집단 전체가 되
면 뜻밖의 결과를 초래하는 일이 있다.
　예컨대, 교통량이 적은 야간일지라도 눈이 내려 도메이(도쿄

―나고야) 고속도로가 폐쇄되어버리면 야간행 버스나 정기화물 트럭은 통행 가능한 지방도로로 우회한다. 이것만으로도 각 운전기사의 판단은 합리적인 것이다. 그러나 그렇지 않아도 좁은 도로에 많은 대형 차가 쇄도한 결과 약간의 사고라도 큰 정체를 야기시키게 된다. 뒤로 되돌아가려 해도 앞뒤로 차가 꽉 차있어 꼼짝달싹 못하는 상태가 된다. 불평해봐야 헛일이다. 오로지 차가 움직이기 시작하는 것을 기다릴 수밖에 없다. 라디오 뉴스는 쓸모없는 도로 정보를 흘릴 뿐이다. 개중에는 기다리다 지쳐서 잠을 자는 운전기사도 있고 그것이 다시 정체를 배가시키게 된다. 야간 버스도 언제 목적지에 도착할지 모른다. 비상용 건빵을 씹으면서 창밖을 내다보고 한숨을 쉴 뿐이다.

한편, 병오년(丙午年)에 볼 수 있는 출생률의 감소처럼 여자아이가 태어나는 것을 염려하는 부모들의 미혹(迷惑)은 설사 그것이 미신이든 개인적으로는 납득이 가는 행위이다. 그러나 그것이 다수의 사람들이 선택하는 바가 되면 세계적인 진기한 사건이 생기게 된다.

사카이 하쿠쓰우(坂井博通, 1992)는 전국 규모로 행해진 5개의 조사 결과의 재분석에 의거하여 일본인 부부에 있어서의 아이들의 성별 선호의 문제를 채택했다. 말하자면 남자아이를 갖고 싶어하는 경향(남아선호)을 볼 수 있는지 어떤지라고 하는 것이다.

그 결과에 따르면 ① 근년에는 남아 선호가 약화되었다는 것, ② 지역별로는 동(東)일본에서 남아 선호를 볼 수 있었다는 것, ③ 학력으로는 고학력의 모친에서 남아 선호를 볼 수 있었다는 것, ④ 직업별로는 농업종사자에서 남아 선호가 약했다는 것, ⑤ 연령별로는 30~34세의 여성에게서 여아 선호를

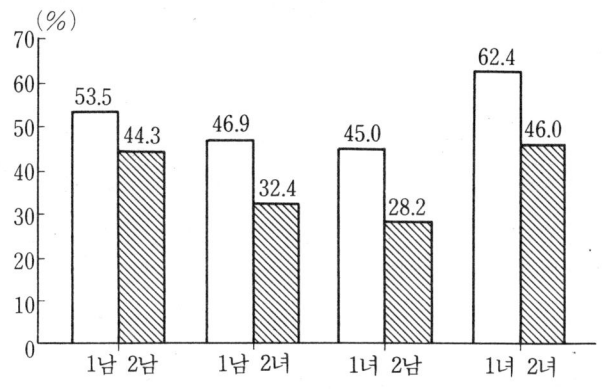

(주) 후생성 대신관방 통계조사부(1971)에서 산출.

Ⅸ-5. 두 아이의 남녀 출생 순서별 추가 희망비율(사카이, 1992)

볼 수 있었다는 것, ⑥ 이미 아이가 2명 있고 그것이 동성인 경우 이성을 추구하여 다시 셋째의 아이를 바라는 균형 선호를 볼 수 있었다는 것 등이다(Ⅸ-5).

그런데 '개인과 사회'의 문제를 논하는 경우 전자의 중요성이 강조되는 것은 위인이라든가 천재의 업적을 통해서이다. 그들의 행위가 역사의 흐름을 바꿔버리거나 그들의 발명이나 발견에 의해서 사회의 움직임이 가속되거나 하기 때문이다. 그에 반해서 일반의 대중은 '이름도 없는 백성'이고 사회의 톱니바퀴로서 그 인생을 마치고 역사의 저편으로 사라져 간다는 수동적인 존재로서 취급되어 왔다. 거기서는 사회에 대한 능동적인 작용은 거의 볼 수 없을 것 같기도 하다. 그러나 이것은 잘못이다. 비록 개인적으로는 미력일지라도 그 수가 많아지면 '산도 움직이기 시작하는' 것이다. 위인, 천재가 아무리 목소리를 높여도 그들을 열광적으로 받아들여 그것에 따르는 다수의 사람들이 없으면 세상은 바뀌지 않는다. 정신 이상자 취급을 받거나 '지나치게 빨랐던 나갈 차례'를 한탄하고 슬퍼하는 것으로 끝나버린다.

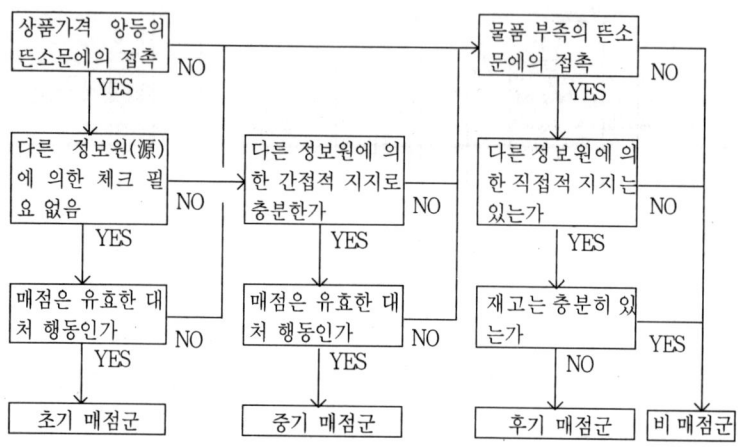

IX-6. 화장지 매점의 의사결정 모델(히로세, 1985)

한편, 대중이 멋대로 움직이기 시작하고 그것을 제지할 수 없는 채로 사회적인 혼란에 빠져버리는 일이 있다. 패닉 (panic)이라든가 폭동이라 불리는 혼란상태이다. 때로는 혁명의 방아쇠가 되는 일이 있다.

예컨대, 히로세 유키오(廣瀨幸雄, 1985)는 오일 쇼크때에 볼 수 있었던 화장지 매점(買占) 소동의 사례 분석을 통해서 다음과 같은 모델을 제창하였다(IX-6).

먼저 1973년 간사이(關西)에서 시작된 화장지 매점의 패닉을 다음의 4단계로 분류하였다.

① 패닉의 배경단계(1973년 10월 18일 이전)…1974년도의 일본국민 생활백서에 따르면 물자 부족 소동의 발생 원인으로서 ㉮ 전반적인 물가상승 속에서 소비자가 서둘러 구매하는 기운이 무르익어 있었다는 것, ㉯ 중동 산유국에

의한 원유가격 인상 및 공급 삭감의 결정이 전반적인 위기감을 강화시켰다는 것, ㉓ 종이 수급의 핍박에 따라서 그 선행 불안이 높아져 입에서 입으로 전해지는 소식, 매스컴을 통해서 그 불안이 확대되었다는 것이 지적되고 있다. 이러한 가운데 소비자는 ⑴ 자기의 생활에 대한 선행 불안감과, ⑵ 자위(自衛)행위로서의 '매점'의 필요성을 피부로 느끼고 있었다.

② 패닉의 전조(前兆)단계(10월 19일~10월 24일)…초기 매점군의 출몰이고 그들은 사태의 절박성을 감지하여 물품 부족에 따른 가격 인상을 예상해서 이것저것 매점으로 치달았다. 이러한 행동을 촉진한 것은 일부 슈퍼마켓의 값을 내린 특매품이었던 화장지가 가끔 품절상태가 된 것이고 거기서부터 "값이 싼 화장지가 없어진다, 가까운 시일내에 대폭 값이 오른다"라는 뜬소문이 퍼졌다.

③ 패닉의 발생단계(10월 25일~10월 29일)…중기 매점군의 출동이다. 그들은 '화장지의 품귀'를 알리는 신문기사 등에 의해서 자기도 손해를 보지 않으려고 매점으로 치달았다. 그 결과 슈퍼마켓 등에는 화장지를 사려는 사람들의 행렬이 생기고 화장지는 즉각 점두에서 자취를 감춰버렸다.

④ 패닉의 확산단계(10월 30일~11월 16일)…후기 매점군의 쇄도이다. 매스컴을 통해서 연일 '화장지소동'을 보게 되어 사태가 심상치 않음을 깨달은 사람들이 얼마 남지않은 화장지를 구하려고 광분하였다. 바야흐로 생활이 걸린 쟁탈전에 돌입한 것이다.

⑤ 패닉의 파생(派生)과 진정단계(11월 17일이후)…이 화장지 소동은 통산성의 요청에 따른 메이커로부터의 120만 팩의 긴급 출하에 의해서 가까스로 진정이 되었다. 곧 슈

퍼마켓의 점두에는 50% 정도 값이 인상된 화장지가 산적
되고 각 가정에서는 대량으로 사들인 화장지의 뒷처리에
갖은 고생을 겪게 되었다.

히로세의 시산에 따르면 이러한 패닉은 약 8%의 초기 구매
자군이 매점에 치달음으로써 야기되었다. 비록 적정 수준의 재
고가 유지되어 있어도 일단 소비자가 매점에 치달으면 앗하는
사이에 바닥이 나버려 그것이 또 소비자의 불안을 북돋운다는
악순환은 대응을 한번 잘못하면 패닉으로 발전해가는 것이다.
바야흐로 풍요로운 사회에서의 물자 부족이다.

"항상 다른 사람의 행동이 마음에 걸린다", "시류에 뒤져서
손해를 봐서는 큰 일이다"라는 행동 패턴은 어느 나라의 국민
도 마찬가지라고 생각되지만 그것이 상태화(常態化)되고 있는
지 어떤지에 따라서 인상(印象)도 달라진다. "침착성이 없고
바쁘게 뛰어돌아다니고 있는 흰 생쥐"라고 하는 일본인의 인
상은 이러한 점에서 유래하는 것일까.

도다 쇼지키(戶田正直)와 시노쓰카 칸비(篠塚寬美, 1981)는
'차이의 최대화 게임'이라 부르는 실험 게임을 사용해서 '어린
이의 경쟁심에 대한 국제비교연구'를 하였다(Ⅸ-7).

그것은 두 어린이(Player A와 B)가 참가하는 게임이고 (Ⅰ)
또는 (Ⅱ)의 누름단추를 누르면 그것에 상응하는 득점이 주어
지는 구조로 되어 있었다. 예컨대, 양자가 (Ⅰ)을 누르면 각각
6점이 주어지지만 (Ⅰ)과 (Ⅱ)로는 한 쪽이 5점이고 다른 쪽이
0점이다. 자기로서도 손해임에도 불구하고 굳이 (Ⅱ)를 누르려
고 하는 동기는 (6점~5점으로) 상대방과의 득점차를 크게 하
려고 하는 것으로 간주되었다.

피험자는 일본, 그리스, 미국(백인), 벨기에의 국민학교 2학

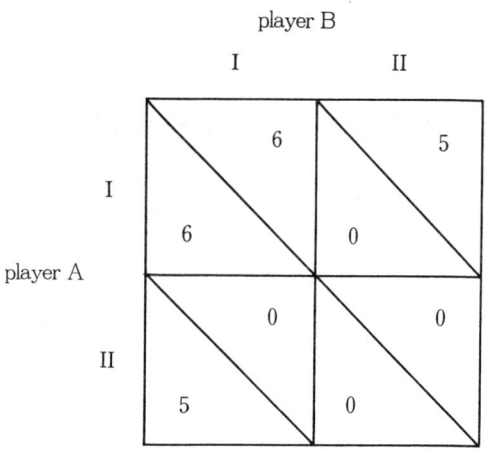

Ⅸ-7. **차이의 최대화 게임**(도다·시노쓰카, 1981)

년생, 4학년생, 6학년생의 각각 남학생이었다. 각 학년마다 2인 1조로 하고 친한 사람끼리가 되지 않도록 조합한 후 100시행 (試行)의 게임이 개시되었다. 실험조건으로서는 ㉮ 자기의 총 득점만이 표시되는 단표시(單表示) 조건군과, ㉯ 자기의 총득 점과 상대방의 총득점이 함께 표시되는 복표시(複表示) 조건 군이 설정되었다.

실험 결과로는 다음의 것이 밝혀졌다.

① 어느 나라의 어린이도 학년이 올라감에 따라 경쟁반응률 ((Ⅱ)의 누름단추를 누르는 행동의 비율)이 상승하고 있 다는 것. 그러나 어느 학년이나 가장 경쟁반응률이 높은 것은 일본의 어린이였다는 것(Ⅸ-8).

② 단표시 조건과 복표시 조건을 비교한 경우 어느 나라나 복표시 조건쪽이 경쟁성이 높아졌다는 것. 그 중에서 표시

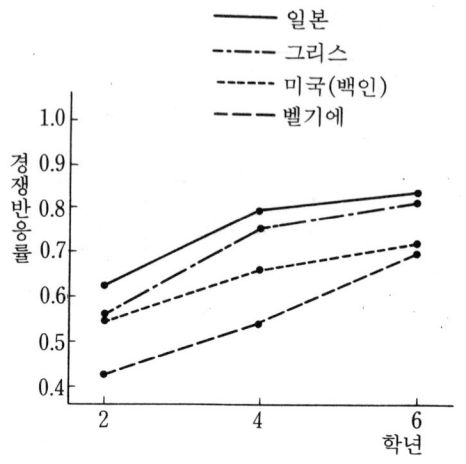

IX-8. 나라별, 학년별의 경쟁반응률(도다·시노쓰카, 1981)

조건차가 가장 극단으로 나타난 것은 일본의 어린이였다(IX
-9).

이러한 것으로부터 일본 어린이의 게임 행동의 특징은 ①
조숙하다, ② 경쟁적이다, ③ 경쟁상대의 행동에 민감하게 반응
해서 득점차를 작게 유지하는 경향이 있다, ④ 행동 변화의 템
포가 빠르다고 결론지어진 것이다.

어른 사회의 실상이 어린이 사회에도 나타나고 있는 것인지
그 이유는 분명치 않지만 다른 나라의 어린이와의 차이는 두
드러진다는 것이다.

"뒷간에 갈적 마음 다르고 올적 마음 다르다"라는 속담이 있
는 것처럼 아무튼 인간은 곧잘 잊는 동물이다. 사건이 일어날
때마다 대소동을 피우며 이것저것 논해 보았자 얼마 안가서
완전히 잊어버린다. 정치개혁의 처방전 등은 까마득한 옛날에
훌륭한 답신이 되어 있어 새삼스레 심의회 등을 설치해 보았
자 그 이상의 명안이 나올 리도 없다. 하려는 마음이 없는 이
상 단순한 시간벌기이고 포즈(pose)에 지나지 않는다. 그러한

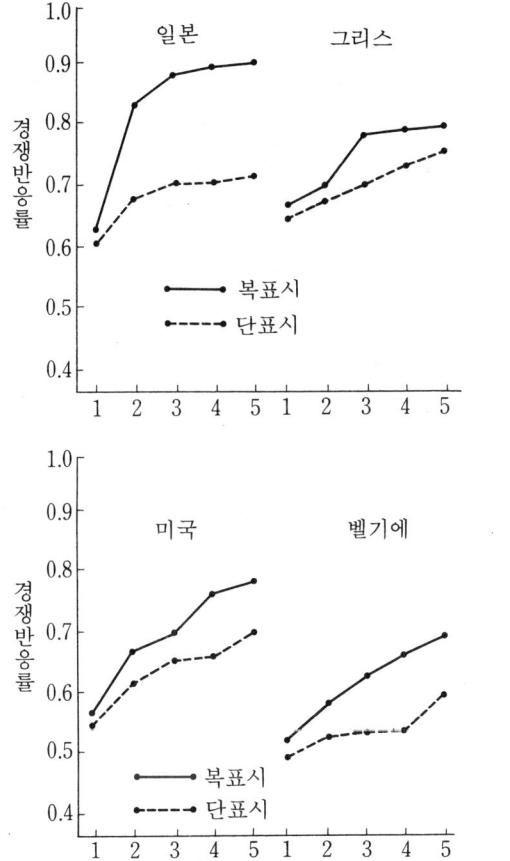

Ⅸ-9. **나라별, 표시조건별의 경쟁반응률**(도다·시노쓰카, 1981)

심의회에 출석하고 있는 학자선생은 정말 정치개혁이 가능하다고 생각하고 있는 것일까.

에너지 문제도 마찬가지이다. 2회에 걸친 오일 쇼크는 석유자원의 유한성, 성(省)에너지의 필요성을 교훈으로서 남겼지만 지금은 누구도 입밖에 내려고 하지 않는다. 당시 '성에너룩'이라 호칭하여 반소매의 신사복이 등장한 것 등도 "기억이 없습니다"라는 상태이다.

이렇게 해서 보면 아무리 목소리가 쉬도록 '성에너지'를 설명해 보았자 '소귀에 경읽기'이다. 편리하고 쾌적한 생활을 싫어하는 사람은 없기 때문이다.

미국의 심리학자 곤잘레스 등(Gonzales, Aronson & Costan-zo, 1988)의 연구는 각 가정에서의 성에너지 대책을 촉진하는 방책으로서 실제로 각 가정을 순회하면서 상담에 응하는 사람(home energy auditor)을 대상으로 하여 실시한 연수(硏修)의 효과를 검토한 것이다. 아무리 그럴듯한 말을 외쳐보아도 현장에서 작업하는 사람이 따라주지 않으면 뾰족한 수가 없다.

실험군에게는 각 5시간에 걸친 2회의 연수를 하기로 하고 그 중에서 각 가정을 방문했을 때 세대주에게 ㉮ 성에너지가 남의 일이 아니고 자기의 문제처럼 설명할 것, ㉯ 집안을 체크할 때는 가급적 거들도록 해서 문제의식을 높여줄 것, ㉰ 성에너지가 득이 된다는 것을 강조하는 것보다도 그렇게 하지 않으면 손해를 본다는 것을 강조할 것을 전수(傳受)하였다.

그에 반해서 통제군(統制群)에게는 그러한 연수를 하지 않고 평상시대로 시켰다.

그 결과는 분명히 실험군에 있어서 성에너지 대책을 강구하는 것에 대한 동의를 끌어내는 데 성공한 비율이 높았다(Ⅸ-10).

원조 프로그램	실 험 군 (N=202)	통 제 군 (N=202)
현금 리베이트	75(37.1%)	44(21.8%)
무이자 융자	48(23.8%)	35(17.3%)
상기 어느 쪽이든 한 쪽	123(60.9%)	79(39.1%)

Ⅸ-10. 성에너지 대책 프로그램에 대한 신청자수(Gonzales 외, 1988)

 '이치는 알고 있어도 실행에 옮기는 단계가 되면 그만두는' 것이 일반적인 반응이다. 그렇게 되지 않도록 하기 위해서는 제1선에 서는 현장 사람들의 훈련이 필요하다고 결론을 내렸다. 항간에 유포되고 있는 일부 엘리트에 의한 대중지배라고 하는 도식(圖式)은 단순화의 잘못이고 그 성패의 열쇠를 쥐고 있는 것은 중간관리층의 동향이었다.

후   기

　이 책에서는 실험 사회심리학의 입장에서 인간관계의 이것 저것을 채택해 보았다.

　그것은 시간과 더불어 변화해 가는 인간관계의 여러 상(相)을 정지화상(靜止畵像)으로 멈추어서 '실험·조사'라는 메스와 가위를 조작하면서 그 메커니즘을 탐색해 본 연구의 성과이다.

　이것에 의해서 복잡괴기하다고 일컬어지는 인간관계가 다소나마 해명되어 인간 이해가 깊어지게 되면 다행이지만 그 판단은 독자에게 완전히 맡기지 않으면 안된다.

　그러나 '실험·조사'라고 들은 것만으로 떨리는 것 같은 일종의 알레르기 증상은 해소된 것은 아닐까.

　그런데 연구 테마에도 유행의 기복이 있어 이따금 어떤 테마에 연구자가 쇄도하는 일이 있다. 그리고 순식간에 방대한 수의 연구 논문이 쌓인다. 10년이나 지나면 그 테마에 대해서 대부분 치워져버린다. 그리고 "그 성과는?"이라고 말하면 최초의 연구 논문만이 기념비로서 남겨지고 수많은 논문은 기억에서 멀어져간다. 어딘가 내몸을 희생해서 종족의 보존을 도모하는 일벌과 닮고 있는 것 같기도 하다. 틀림없이 연구자의 조직 방위본능이라고 불러야 하는 것일 것이다.

　그러면 이 책에서 보아온 것과 같은 사회심리학의 연구는 현실의 사회 문제의 해결에 어느 정도 쓸모가 있는 것일까. 이러한 질문에 대답하는 것은 어렵다. "쓸모가 있다"란 어떠한 것인가가 분명치 않기 때문이다. "일본의 정치가는 정말로 나라를 위해 쓸모가 있는 것일까"라고 질문을 받는 것과 같은 것이다. 아무튼 나쁜 부분만이 눈에 띠는 요즘이지만 그러면 "정치가는 없는 편이 나은가"라고 추궁하면 대답이 궁해진다. '인민을 위한 정치'를 표방하고 있던 공산권 여러 나라에 있어서 구악이 폭로되는 한편 자유주의 여러 나라에서는 독직이나 의혹, 스캔들이 횡행한다.

도대체 자국의 정치의 훌륭함을 자랑할 수 있는 나라가 있는 것일까. 이렇게 되면 무엇을 말하고 있는지 잘 알 수 없는 문답(問答)이다.

그러면 '전문가로서의 사회심리학자의 위치 부여'는 어떠할까. 매스컴에서 사회심리학자의 이름을 볼 수 있는 것은 범죄 사건이나 재해 등에 관한 논평을 통해서이다. 그 논평의 대부분은 단편적이고 사회상식과 아무것도 다를 바가 없다. 하물며 그러한 발언이 재판의 향방을 좌우하는 증거로서 채택되는 일은 전무하다. 정신 감정을 행하는 정신과 의사나 법률가와 비교하면 전문가로서의 대우나 등급 부여에도 상당히 차이가 있다.

아무래도 이야기가 비관적인 이야기로 되어버렸는데, 사람들이 자기 자신의 체험이나 경험에 의거해서 무언가의 발언을 할 수 있는 분야의 연구자는 스스로의 전문성을 주장하는 것이 어렵다. 어설픈 것으로는 설득력을 가질 수 없기 때문이다. 때로는 "사회심리학자는 세상 물정을 모른다"라고 야유를 받게 된다. 이미 '연구를 위한 연구'라고 거드름을 피울 수는 없는 세상이다. 스스로의 연구의 의미 부여를 명확히 하는 것, 그것이 연구의 제1보이고 이 책은 그 목적 아래 쓴 책이다. 독자 여러분은 나에게 몇 점을 채점해 줄 것인가.

이 책에서 채택한 옛사람의 연구는 원래라면 하나하나 인용 논문으로서 명기하지 않으면 안되는 것이지만 이 책의 성격상

대폭적으로 생략하지 않을 수 없었다. 그래서 이러한 연구에 흥미를 갖는 독자 여러분을 위해서 마지막으로 참고 문헌을 열거해 둔다.

• 학설·이론·연구법에 대해서 :

와가쓰마 히로시(我妻洋)『사회심리학 입문(상)·(하)』고단샤 학술문고 1987년. (사회심리학의 학설·이론을 알기쉽게 해설한 것)

다카네 마사아키(高根正昭)『창조의 방법학』고단샤 현대신서 1979년. (저자의 체험을 통해서 '사회과학에 있어서 연구란 무엇인가'를 논한 것)

미쓰이 히로다카『실험·조사의 사고방법』고바야시출판 1991년. (사회심리학의 연구자의 연구법 입문 코스의 텍스트로서 적은 것)

미쓰이 히로다카『데이터를 잡는 방법, 정리하는 방법』이쿠가키출판 1992년. (리포트나 졸업 논문을 예로 들어 연구의 실제를 구체적으로 해설한 것)

• 연구보고, 모노그래프에 대해서 :

캔트릴 C. (사이토 고우이치, 기쿠치 아키오 역)『화성으로부터의 침입』가와시마서점 1971년. (라디오·드라마가 발단이 되어 일어난 패닉의 추적 조사의 보고)

라타네 B. & 다알리 J. (다케무라 겐이치, 스기사키 가즈고 역)『냉담한 방관자』브레인출판 1976년. (원조 행동을 억제하는 방관자 효과의 문제를 일련의 실험에 의해서 검토한 것)

밀그램 S. (기시다 히데 역)『복종의 심리』가외데서방신사 1980년. ('권위에의 복종'을 낳는 심리 메커니즘의 해명을 시도한 것)

아이젠크 H. J. & 나이어스 D. K. B. (이와와키 사부로 역)『성·폭력·미디어』신요사 1982년. (텔레비전 프로그램이 시청자에게 미치는 영

향을 심리학자의 입장에서 논한 것)

야마기시 도시오(山岸俊男) 『사회적 딜렘머의 구조』 사이언스사 1990
년. (개인 이익과 집단 이익의 갈등이라는 관점에서 사회 문제의
해결을 추구한 것)

찾아보기

대인관계의 심리학
―인간관계는 어떻게 형성되는가―   **B160**

	1994년 8월 10일 인쇄
	1994년 8월 20일 발행

옮긴이   임 승 원

펴낸이   손 영 일

펴낸곳   전파과학사

서울시 서대문구 연희2동 92－18

TEL. 333－8877·8855

FAX. 334－8092   1956. 7. 23. 등록 제10－89호

공급처 : 한국출판 합동조합

서울시 마포구 신수동 448－6

TEL. 716－5616～9

FAX. 716－2995

　•판권 본사 소유   •파본은 구입처에서 교환해 드립니다.
　　　　　　　　　　　　•정가는 커버에 표시되어 있습니다.

ISBN   89－7044－160－3   03180

BLUE BACKS 한국어판 발간사

　블루백스는 창립 70주년의 오랜 전통 아래 양서발간으로 일관하여 세계유수의 대출판사로 자리를 굳힌 일본국·고단샤(講談社)의 과학계몽 시리즈다.

　이 시리즈는 읽는이에게 과학적으로 사물을 생각하는 습관과 과학적으로 사물을 관찰하는 안목을 길러 일진월보하는 과학에 대한 더 높은 지식과 더 깊은 이해를 더하려는 데 목표를 두고 있다. 그러기 위해 과학이란 어렵다는 선입관을 깨뜨릴 수 있게 참신한 구성, 알기 쉬운 표현, 최신의 자료로 저명한 권위학자, 전문가들이 대거 참여하고 있다. 이것이 이 시리즈의 특색이다.

　오늘날 우리나라는 일반대중이 과학과 친숙할 수 있는 가장 첩경인 과학도서에 있어서 심한 불모현상을 빚고 있다는 냉엄한 사실을 부정할 수 없다. 과학이 인류공동의 보다 알찬 생존을 위한 공동추구체라는 것을 부정할 수 없다면, 우리의 생존과 번영을 위해서도 이것을 등한히 할 수 없다. 그러기 위해서는 일반대중이 갖는 과학지식의 공백을 메워 나가는 일이 우선 급선무이다. 이 BLUE BACKS 한국어판 발간의 의의와 필연성이 여기에 있다. 또 이 시도가 단순한 지식의 도입에만 목적이 있는 것이 아니라, 우리나라의 학자·전문가들도 일반대중을 과학과 더 가까이 하게 할 수 있는 과학물저작활동에 있어 더 깊은 관심과 적극적인 활동이 있어 주었으면 하는 것이 간절한 소망이다.

1978년 9월

발행인 孫 永 壽

도서목록

도서목록

BLUE BACKS

도서목록